101 TRUCS ET CONSEILS

ÉLABORER UNE STRATÉGIE

ANDY BRUCE
ET KEN LANGDON

MANGO PRATIQUE

Un livre de Dorling Kindersley

Première édition en Grande-Bretagne en 2000 par
Dorling Kindersley Limited
9 Henrietta Street, Londres

Dépôt légal : février 2001
Traduction : Didier Debord
Adaptation : Dominique Montembault
Composition, mise en pages : Studio Michel Pluvinage
Imprimé en Italie

ISBN 2 84270 259 X

MANGO *PRATIQUE*

Sommaire

Élaborer sa Stratégie

Appliquer sa Stratégie

INTRODUCTION

En tant que manager, vous êtes tenu de faire des projets à long terme tout en enregistrant sur le court terme les meilleurs résultats possibles. Élaborer une stratégie vous guidera sur la voie du succès et vous permettra d'améliorer vos capacités d'analyste et de meneur d'hommes. Cet ouvrage, véritable livre de référence en ce domaine, explique clairement tous les aspects fondamentaux du développement et de la mise en application d'une nouvelle stratégie, de la recherche des informations de base à l'application d'une nouvelle stratégie, en passant par ses inévitables modifications et adaptations. Vous y trouverez aussi 101 trucs et conseils qui vous guideront au quotidien, et un test d'évaluation vous permettra d'établir le bilan de vos compétences et de déterminer les domaines à améliorer.

SAISIR LE BUT D'UNE STRATÉGIE

Une stratégie est une déclaration d'intention par laquelle vous définissez vos objectifs sur le long terme. Comprenez les processus qui y sont liés et sachez éviter les écueils potentiels afin que votre nouvelle stratégie soit couronnée de succès.

En affaires, une stratégie définit les grandes lignes commerciales futures et précise quels produits ou services doivent être présents sur quels marchés, et dans quelles conditions.

1 Comprenez l'importance d'une stratégie pour vous et votre société.

2 En cas de doute sur la stratégie à adopter, demandez l'avis de votre supérieur.

L'INTÉRÊT D'UNE STRATÉGIE

Une stratégie permet de prendre des décisions au quotidien et de rester cohérent avec les intérêts de l'entreprise sur le long terme. En l'absence de toute stratégie, une décision prise aujourd'hui peut se révéler néfaste pour l'avenir. Une stratégie soude également tous les éléments de l'entreprise dans la poursuite d'un but commun. La plupart des sociétés définissent leur stratégie au plus haut niveau, mais elles n'en informent pas toujours la base. Avoir une stratégie est important, que vos clients soient à l'extérieur de votre entreprise ou au sein de celle-ci (autres services ou sections).

REGARDER VERS L'AVENIR

La tendance actuelle dans les entreprises est de mettre la pression sur les employés afin qu'ils parent au plus pressé, atteignent les objectifs quotidiens et contournent les problèmes à court terme. Cette planification sur le court terme tend à supplanter une planification orientée vers l'avenir. L'objet d'une stratégie, c'est ce qui est devant vous, votre objectif et comment l'atteindre. Il ne suffit pas de savoir quels produits ou quels services on souhaite commercialiser sur un marché, encore faut-il avoir une stratégie adaptée.

POINTS À RETENIR

- Une stratégie définit quels produits et quels services vendre et livrer, et sur quels marchés.
- Le succès d'une stratégie se mesure, par exemple, au vu des résultats financiers ou de la satisfaction des clients.

S'IMPOSER UN CADRE STRATÉGIQUE

Analysez les informations pour comprendre votre situation.

↓

Définissez vos avantages sur la concurrence.

↓

Évaluez l'importance de vos produits et de vos marchés.

↓

Décidez du point sur lequel vous allez concentrer vos moyens.

↓

Identifiez les modifications nécessaires et établissez les priorités.

↓

Contrôlez en permanence vos résultats et revoyez au besoin votre stratégie.

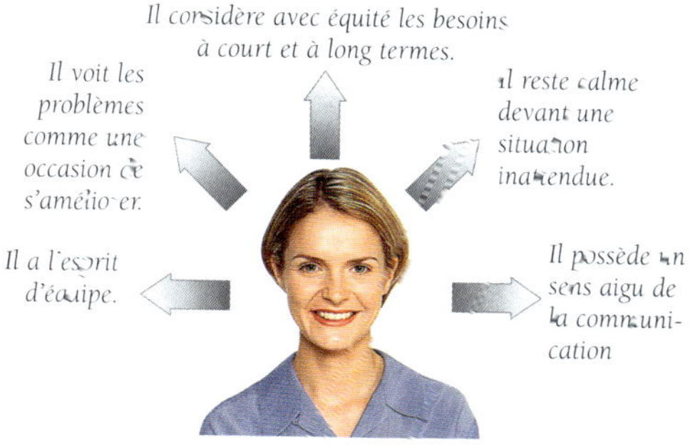

▲ **UN BON STRATÈGE**
Un bon stratège considère les événements en cours dans le contexte à venir. Il réagit bien face aux problèmes, stimule et motive les gens, communique aisément.

FAIRE PARTICIPER SON ÉQUIPE

Pour tirer le meilleur parti de votre équipe, il est important de la faire évoluer dans un cadre qui définit clairement ce que vous attendez d'elle, afin qu'elle vous aide à mettre au point et à appliquer un projet stratégique. Réfléchissez aux méthodes et aux procédés qui constituent le « tracé » qui mènera votre équipe vers le succès. La création d'un tel cadre est une occasion de souder votre équipe autour d'un projet commun et d'impliquer chacun de ses membres dans sa réalisation.

EXAMINER LE PROCESSUS

Une nouvelle stratégie s'élabore en trois phases distinctes : l'analyse, la préparation et la mise en application. Si les deux premières phases exigent du temps et de la réflexion, la troisième requerra tout votre dynamisme pour être menée à terme.

3 Impliquez tout le personnel dans la recherche des informations.

4 Encouragez les gens à considérer objectivement les faits.

ANALYSER MINUTIEUSEMENT

Pendant la phase d'analyse, vous rassemblerez le plus d'informations possible afin de prendre vos décisions en connaissance de cause. C'est une étape décisive, car les faits que vous aurez à gérer influeront votre choix. Vous analyserez avec soin les événements au sein de votre société, de votre point de vue, certes, mais aussi du point de vue des autres secteurs de l'entreprise qui peuvent influer sur le projet. Vous chercherez à connaître les attentes des clients et les méthodes de la concurrence, ainsi que les tendances et les évolutions dans votre secteur d'activité. Votre but sera de dresser un tableau sans complaisance des forces et des faiblesses de votre position, ainsi qu'une liste des possibilités pour l'avenir.

DÉLÉGUER LES RECHERCHES

Impliquez personnellement vos collaborateurs dans les recherches de données.

Le directeur donne une ligne directrice aux recherches.

Vos collaborateurs surveillent la concurrence par le biais de leurs sites Web.

PRÉVOIR SA STRATÉGIE

Une fois les données nécessaires réunies, il convient de prendre les décisions stratégiques qui vous permettront d'atteindre votre objectif. Vous devrez ici considérer les points où vous possédez un avantage sur la concurrence et définir les limites dans lesquelles vous souhaitez évoluer. Faites tout d'abord une liste des produits et des services susceptibles d'être recherchés à l'avenir, mais aussi celle des marchés auxquels vous avez accès. Sélectionnez ensuite les marchés que vous souhaitez développer, que ce soit avec des produits et des services existants ou nouveaux, et ceux qu'il convient d'abandonner. Ces décisions vous aideront à établir votre future position financière et à prévoir un budget réaliste.

5 Prévoyez un délai suffisant pour éviter toute précipitation pendant la phase de planification.

6 Prêtez une oreille attentive à votre équipe – et ce, à tous les stades.

QUESTIONS À SE POSER

Q Puis-je exposer à des tiers les grandes lignes de ma stratégie ?

Q Est-ce que je sais où chercher les informations souhaitées ?

Q Suis-je prêt à investir suffisamment de temps dans les deux premières phases d'élaboration de ma nouvelle stratégie ?

Q Puis-je compter sur l'aide de mon supérieur pour établir une nouvelle stratégie ?

METTRE EN PLACE SA STRATÉGIE

Pendant la phase finale d'élaboration de votre stratégie, vous déterminerez, au vu de vos analyses, ce que vous allez faire et comment. Il se peut que vous atteigniez vos buts en ne modifiant que très peu les habitudes de travail de votre équipe, tout comme il est possible que cela requiert des changements radicaux et des compétences nouvelles à acquérir. Ne dépensez pas toutes vos forces dans la phase d'analyse au détriment des phases suivantes, votre stratégie en serait moins efficace et sa mise en application, incomplète. Vous devrez également communiquer cette stratégie aux membres de votre équipe et à vos supérieurs et l'adapter en fonction des changements de circonstances et d'activité au sein de la société.

ÉLABORER SA STRATÉGIE ▼

Une stratégie s'élabore en trois phases : l'analyse, la préparation et la mise en œuvre. Aucune de ces étapes n'est à négliger.

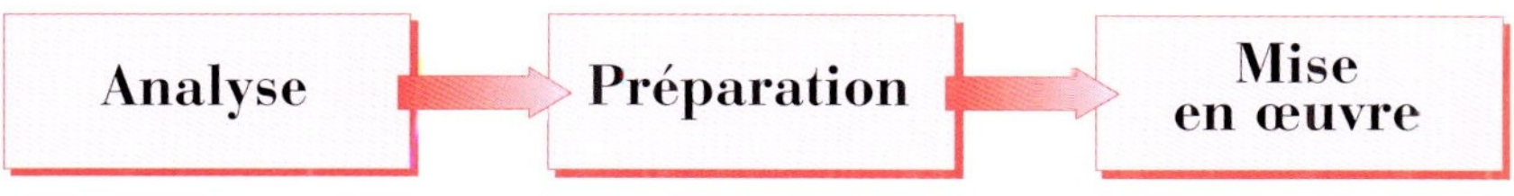

Penser sur le Court Terme et sur le Long Terme

La capacité de faire la distinction entre les besoins à court terme et à long terme, mais aussi de maintenir l'équilibre entre les deux, fait partie intégrante d'une stratégie.

7 Ayez confiance en l'avenir, mais imposez-vous des buts réalistes.

8 Travaillez dur sur les objectifs à long terme mais assurez aussi des résultats immédiats.

Identifier les Pièges

La planification à court terme s'intéresse au présent alors que la prévision sur le long terme vous projette dans un futur lointain. À trop penser au court terme, vous risquez l'échec à long terme. Le risque est réel de proposer des produits anachroniques ou de cibler des marchés dont les exigences ont évolué. De même, trop privilégier le long terme se fait au détriment des affaires courantes. La solution est donc de mettre l'accent sur le présent, pour atteindre la croissance nécessaire dans l'immédiat, tout en gardant un œil rivé sur l'avenir.

ÉTUDE DE CAS

Élisabeth travaille pour une société qui vend des équipements automatiques. Un jour, un client lui fait part de difficultés rencontrées du fait de la faiblesse d'un tapis roulant. Élizabeth décide donc de lui vendre deux nouveaux tapis. Quand elle passe commande auprès du service de production, celui-ci l'informe toutefois qu'une nouvelle stratégie a été mise en place et que de nouveaux produits, plus compétitifs et mieux équipés, seront disponibles d'ici à neuf mois environ. Élisabeth en informe le client et trouve avec lui une solution provisoire. Elle ne réalise pas immédiatement une vente, mais propose une solution bien meilleure qui débouchera sur une commande ultérieure plus importante. Quant au client, satisfait, il entretiendra avec la société des relations commerciales plus étroites sur le long terme.

◀ **PRÉVOIR SUR LE LONG TERME**

La politique de vente rapide n'est pas toujours compatible avec les intérêts à long terme de la société. Il se peut que vous rencontriez ainsi des difficultés provisoires avec votre client, mais la solution que vous lui proposerez sur le long terme n'en sera, elle, que plus satisfaisante.

9 Imposez-vous de penser en stratège dans votre vie quotidienne.

RECHERCHER L'ÉQUILIBRE

Conserver l'équilibre entre les décisions à court terme et à long terme demande des efforts et de la discipline. L'annulation d'une réunion de travail sur la stratégie n'aura pas d'effets immédiats, mais ne pas rappeler un client peut faire perdre une vente. Il est étonnant de constater combien les tâches quotidiennes sont prioritaires, quelle que soit votre détermination d'agir sur le long terme. Aussi, prévoyez un laps de temps et des moyens suffisants pour les opérations courantes et l'élaboration de votre stratégie, et tenez-vous à ce plan, même lorsque vous vous lancez dans une nouvelle stratégie. Cela vous permettra d'accumuler tout retard que, de toute façon, vous devrez rattraper.

◄ **ÉTABLIR UN EMPLOI DU TEMPS**

Un emploi du temps pour l'élaboration et le maintien de votre projet stratégique vous oblige à lui consacrer votre attention sur le long terme. Respectez-le et ne vous laissez pas distraire par les affaires courantes.

AGIR EN STRATÈGE

Une stratégie est un processus continu et vous ne pourrez pas vous permettre de négliger des projets futurs, même quand votre projet actuel sera opérationnel. Prévoyez un jour par mois pour discuter avec votre équipe de son maintien et de son évolution, entretenez-vous régulièrement avec vos clients et revoyez au besoin le rôle de vos équipiers. Retouchez fréquemment, mais à petites doses, votre projet pour lui garder sa fraîcheur et maintenir la motivation et l'implication de votre équipe.

10 Toute décision prise au jour le jour doit être considérée sur le long terme avant d'être mise en application.

PRÉPARER LE SUCCÈS DE SA STRATÉGIE

Un projet stratégique efficace repose sur des informations précises, des idées fortes et des gens engagés. Impliquez dès le début les personnes qualifiées et encouragez-les à rechercher des données et à proposer des idées constructives.

> **Chaque étape de la préparation doit être structurée et réalisable.**

QUESTIONS À SE POSER

Q Cette personne apportera-t-elle quelque chose à la qualité du projet ?

Q Entretiendra-t-elle de bonnes relations de travail avec les autres collaborateurs ?

Q Ce projet exige-t-il des personnes avec des connaissances et/ou expériences particulières ?

IMPLIQUER LES PERSONNAGES CLÉS

Le succès de votre stratégie dépend en grande partie de l'efficacité de votre équipe. Impliquez l'ensemble de l'équipe dès le début de la préparation afin qu'elle s'identifie au projet ; en effet, une élaboration concertée du projet est toujours utile. Elle vous permet d'évaluer tous vos collaborateurs et de donner à chacun d'eux une chance d'exprimer sa satisfaction d'œuvrer pour cette nouvelle stratégie ou, au contraire, de faire connaître ses réticences. Le noyau dur de votre équipe devra comprendre toutes les personnes responsables de la mise en application du projet et de son succès.

◀ **ÉVALUER SES ÉQUIPIERS**
Impliquer dès le début tous les personnages clés vous permet de savoir s'ils possèdent les qualités requises pour vous aider, plus tard, à mettre en œuvre votre projet.

IDENTIFIER LES PARTENAIRES DÉCISIFS ▼

Il est vital de ne prendre en compte que les personnes qui peuvent apporter à la nouvelle stratégie la plus grande contribution. Invitez les partenaires uniquement pour les réunions qui les concernent.

Le supérieur s'assure que le plan est compatible avec les autres stratégies de la société.

L'expert fait part de ses connaissances concernant des problèmes ou des opportunités susceptibles d'affecter le plan.

Le commanditaire apporte son soutien au projet en accordant des ressources ou des fonds.

Clients et fournisseurs procurent des informations importantes sur les besoins futurs et les nouvelles possibilités.

L'équipe compte avec le soutien des partenaires à l'intérieur et à l'extérieur de la société.

12 Changez la composition de votre équipe si vous ressentez le besoin de la renforcer.

IMPLIQUER LES AUTRES

Entretenez de bonnes relations avec vos partenaires, car ils peuvent vous faire profiter de leur expérience, de leurs informations, vous aider à analyser la situation et à prendre des décisions. Une perspective stratégique implique souvent des personnes des différents secteurs de la société, comme le personnel des ventes et de la production, afin d'établir le meilleur plan possible. De cet esprit de coopération dépendent les résultats. Plus les personnes concernées se sentent impliquées, plus elles sont susceptibles de soutenir le résultat et de vous aider pendant la phase de mise en application. Prenez toutefois garde de ne pas impliquer trop de personnes, car ceci pourrait freiner le processus. Avec une équipe trop grande, il pourrait devenir plus important de prendre une décision quelconque plutôt que de s'entendre sur la bonne.

ENCOURAGER L'ENGAGEMENT

Une fois votre stratégie mise au point, il est vital que votre équipe ne s'en désintéresse à aucun moment de sa mise en œuvre. Il revient à vous, le manager, de faire en sorte que chacun comprenne l'importance d'une stratégie à long terme et son importance personnelle dans sa réussite. Premièrement, chacun doit être conscient de la nécessité d'une nouvelle stratégie. Deuxièmement, chacun doit avoir la certitude que, guidé par son chef, il a opté pour le bon projet. Troisièmement, chacun doit être conscient de son rôle personnel dans sa mise en œuvre. Assurez-vous que vos équipiers ont bien intégré le fait que la pression des affaires courantes ne les excuse pas du non-respect éventuel du calendrier.

13 Assurez-vous de la motivation constante de votre équipe.

14 Ne prenez pas de décisions hâtives sans avoir tous les éléments en main.

POINTS À RETENIR

- Vous pouvez créer une atmosphère positive et motivante en impliquant tout le monde et en restant ouvert aux suggestions.
- Votre propre engagement peut servir d'exemple à vos équipiers.
- Encouragez votre équipe à vérifier tous les éléments nouveaux.
- Le brainstorming est de rigueur du début du projet à la fin.

RECUEILLIR LES BONNES DONNÉES

Votre stratégie doit être fondée sur des informations exactes. Des données erronées peuvent provoquer une crise quand les éléments réels viennent à être découverts et que le projet doit être bouleversé. Il en est de même des données obsolètes ou incomplètes. Ayez toujours à l'esprit qu'un piètre projet stratégique peut entraîner un échec à long terme et des résultats décevants à court terme. Il vous faudra toutefois, à un moment donné, cesser de recueillir des informations pour aller de l'avant.

REFUSER LES HYPOTHÈSES

Une stratégie réussie repose sur des faits avérés. Se fier à des hypothèses ou des estimations, aussi convaincantes soient-elles, peut mener votre projet à l'échec et vous devez les rejeter systématiquement. Ne tirez jamais de conclusions sans avoir tous les éléments importants en main. Si certaines données vous manquent, considérez la palette des options sur lesquelles reposera votre décision, une fois les informations manquantes obtenues.

15 Sachez aller de l'avant. Trop d'analyse paralyse.

FAIRE JAILLIR LES IDÉES

L'afflux d'idées est un point essentiel dans l'élaboration d'une stratégie, qu'il s'agisse de surveiller les tendances, en désignant précisément les produits susceptibles d'être choisis, ou de suggérer des voies nouvelles et innovatrices pour améliorer la compétitivité. Vous et votre équipe devrez vous rencontrer régulièrement pour stimuler les échanges d'idées. Couchez sur le papier un certain nombre d'idées, dans un ordre quelconque, par exemple, sur un tableau, affinez-les et regroupez-les selon leur type. La liste terminée deviendra partie du projet bien qu'il faille plusieurs réunions pour élaborer le projet stratégique final.

16 Laissez chacun exposer son point de vue dans les réunions.

▼ ENCOURAGER LA CRÉATIVITÉ

Pour tirer le meilleur parti d'un échange d'idées, créez une atmosphère calme et détendue dans laquelle chacun se sentira libre de s'exprimer. Les sièges seront disposés de manière informelle, et non autour d'une table.

Chaque collaborateur expose à tour de rôle ses idées sur un tableau.

Le chef d'équipe exprime son opinion mais ne domine pas le débat.

La spontanéité de chacun est encouragée.

Chacun participe et écoute, sans prendre de notes.

REGARDER VERS L'AVENIR

Il est vital pour une entreprise de disposer d'une stratégie adaptée afin de se maintenir dans le peloton de tête. Ne vous contentez pas de réagir aux évolutions, anticipez-les et adaptez votre stratégie en conséquence.

17 Gardez toujours à l'esprit que le processus d'élaboration n'est jamais achevé.

18 Adaptez vos projets aux circonstances – soyez au besoin radical.

RECONSIDÉRER SES DÉCISIONS

Il vous faut revoir régulièrement votre stratégie, car ni le marché ni la concurrence ne vous laisseront de répit. Un produit ou un service qui ont satisfait la clientèle pendant de longues années sont toujours susceptibles de tomber en disgrâce. Des sociétés entières se sont déjà fait doubler par un concurrent, car il avait su mettre sur le marché un produit qui avait conquis le public et était même parfois devenu à la mode. Il est important, à défaut de les avoir soi-même initiées, d'être toujours à l'affût de telles évolutions et de savoir réagir rapidement et de manière appropriée. Mieux encore, soyez celui qui innove et non celui qui se contente de réagir aux innovations.

ÉVITER LES DÉRIVES STRATÉGIQUES ▼

Ce schéma illustre comment une équipe dynamique propose aux clients ce qu'il veut avant même qu'il ne le demande, et ce, en anticipant les évolutions externes. L'équipe réactive a, quant à elle, toujours un train de retard.

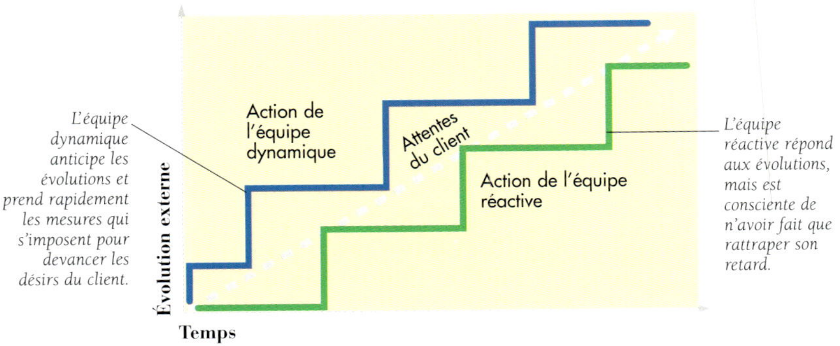

▲ **DÉTERMINER LES BESOINS DES CLIENTS**
Entretenez-vous périodiquement avec les clients pour savoir ce qu'ils attendent de vous et faites régulièrement de vastes études de marché pour anticiper leurs futurs besoins.

ÉVITER LES PIÈGES

Les meilleures équipes veulent mener la course et non être dans le peloton. Il est donc essentiel d'adopter une stratégie dynamique qui devance les évolutions du marché.
Ainsi, votre équipe sera une équipe de pointe, novatrice dans son secteur, véritable moteur pour l'entreprise.
Une équipe qui ne suit pas une stratégie doit sans cesse combler son retard et l'énergie dépensée pour rester dans la course ne peut être utilisée à d'autres fins.

19 Ayez toujours un train d'avance sur la concurrence.

20 Ne croyez jamais savoir ce que veulent les gens : demandez-le-leur.

RESTER EN TÊTE

Votre succès futur dépend de vos investissements actuels en temps et en argent pour prévoir les attentes des clients et orienter le marché dans la direction que vous avez choisie. Votre équipe peut recueillir auprès du personnel commercial, qui est au contact du client, des informations qui vous permettront de conserver votre avance.
Les équipes les plus efficaces devancent le marché et la concurrence à coup d'innovations.
Pensez à ce garagiste prévoyant qui, bien avant ses concurrents, a négocié avec une banque l'installation d'un distributeur de billets devant ses locaux.

ANALYSER SA POSITION

Une stratégie forte est le fruit de l'analyse de votre position. Avant d'élaborer votre projet stratégique, évaluez les influences environnementales, les clients, la concurrence et votre propre compétence.

ÉTUDIER LES FACTEURS INFLUENTS

De nombreux facteurs peuvent influer sur vos résultats. Surveillez l'économie, la technique et les évolutions politiques ou juridiques qui concernent votre activité, pour identifier les nouvelles tendances du marché.

21 Utilisez vos analyses pour affirmer vos conclusions et prendre les bonnes décisions.

QUESTIONS À SE POSER

Q Quelle est la capacité de la concurrence locale et peut-elle affecter nos exportations ?

Q Notre société adopte-t-elle une attitude ferme sur les questions environnementales ? Si oui, que cela signifie-t-il pour notre équipe ?

Q Les prix du pétrole sont-ils susceptibles de monter, amputant ainsi les bénéfices ?

SURVEILLER L'ÉCONOMIE

La plupart des stratégies dépendent des évolutions des économies régionale et mondiale. Observez en premier lieu les événements qui peuvent avoir un impact décisif. Si, par exemple, vous estimez que les taux d'intérêt monteront au cours des six prochains mois avant de se stabiliser, cela influencera votre politique d'investissements consacrés à la mise au point de nouveaux produits. De même, vous voudrez avoir les études les plus fiables concernant le tourisme dans votre région si vos produits ou vos services sont destinés aux touristes. Intégrez ces informations dans vos prévisions budgétaires.

ÉTUDIER LES TENDANCES TECHNOLOGIQUES

Les spectaculaires avancées technologiques ont eu un impact énorme sur la plupart des sociétés. Les techniques de communication, associées à l'information électronique, ne cessent de bouleverser nos méthodes de travail. Prenez garde aux problèmes ou aux dangers que les nouvelles technologies peuvent engendrer en évoquant les dernières évolutions techniques importantes dans les réunions de travail. Consultez au besoin un expert ou familiarisez-vous vous-même avec les rapports des analystes. Demandez à quelqu'un de votre équipe de lire la presse spécialisée et d'en rendre compte régulièrement, mais succinctement, à ses collègues.

DEMANDEZ-VOUS « ET ALORS ? »

Lors de votre analyse, vous accumulerez un grand nombre de données, dont certaines sont sans intérêt pour votre plan stratégique. Soumettez ces informations à la question « Et alors ? » afin de clarifier la situation. Si la réponse est « Et alors, rien », l'information peut être classée « sans intérêt ».

22 Lisez beaucoup pour vous tenir au courant des tendances et des idées.

COMPRENDRE LES ÉVOLUTIONS POLITIQUES ET JURIDIQUES

Un nombre croissant d'entreprises, en particulier dans le secteur public, évoluent dans des cadres juridiquement définis, et il est crucial pour elles d'en connaître les règles. Que vous fassiez partie d'une entreprise privée ou publique, vous êtes dans tous les cas soumis à la législation sur le travail en vigueur et celle-ci peut avoir un impact sur votre plan stratégique. L'équipe peut avoir besoin de consulter les documents internes de l'entreprise, mais vous pouvez aussi faire appel à un conseiller juridique. Une fois de plus, faites plancher votre équipe sur le sujet si vous n'êtes pas certain d'avoir identifié les données dont vous avez besoin.

Un juriste du travail vous informe sur la loi en vigueur.

◀ **PARLER AVEC DES EXPERTS**

Un expert peut vous informer utilement des conséquences sur votre plan stratégique de certaines évolutions politiques ou juridiques.

COMPRENDRE SES CLIENTS

La force qui motive chaque projet est l'attente du client envers vous, le fournisseur. Analysez ce qu'il achète chez vous et ce que serait son idéal, puis établissez des priorités parmi ses attentes afin d'élaborer une stratégie qu'il perçoive comme un progrès.

23 Considérez du point de vue du client le service que vous proposez.

24 Désignez l'un de vos collaborateurs pour discuter de vos résultats avec les clients.

IDENTIFIER LES CRITÈRES D'ACHAT

Le client acquiert un service ou un produit contre le prix qu'il est prêt à payer en échange. Il tient également compte de la qualité de sa relation avec les représentants de la société et de sa satisfaction concernant la politique commerciale. Fidélisez le client en cernant ses critères d'achat. Quels arguments utilisera-t-il pour vous comparer avec la concurrence ? Renseignez-vous sur son potentiel d'achat et tenez compte des clients existants et des clients potentiels.

DÉFINIR L'IDÉAL

Cernez l'idéal recherché par le client dans quatre domaines principaux : le produit, le procédé, le personnel et le prix. Demandez-lui son opinion à l'occasion d'une rencontre, par téléphone, ou en le conviant à une réunion de travail. réponses aux questions que vous lui poserez constituent les critères d'achat et trouvent leur place dans l'une des quatre catégories mentionnées ci-dessus. Vous affinerez ensuite votre stratégie en fonction de ces éléments.

POINTS À RETENIR

- Les clients n'ont pas tous les mêmes désirs ni les mêmes attentes.
- Le client vous dira exactement ce qu'il veut si la question est bien posée.
- Si l'idéal n'est pas réalisable, le connaître permet de s'en approcher.
- Ne dédaignez pas les clients nouveaux ou potentiels.

LES CRITÈRES PRIORITAIRES

Une fois les critères du client identifiés, il convient de les classer selon leur importance. Les priorités que vous établirez auront un impact sur les décisions futures concernant les produits, les procédés, le personnel et les prix.

Tenez compte de l'importance relative de ces critères les uns par rapport aux autres avant de décider sur lesquels porteront vos efforts. Il faut en effet éviter de vous concentrer sur des points jugés futiles par le client au détriment d'autres points auxquels il accorde une grande importance. Si votre équipe n'arrive pas à établir ces priorités, demandez conseil aux principaux clients, et faites au besoin réfléchir vos collaborateurs sur ce point.

25 Assurez-vous que votre projet tient compte des préoccupations réelles du client.

▼ ÉTABLIR DES PRIORITÉS

Établissez les priorités du client en classant ses critères en quatre catégories : produit (ce que vous vendez), procédé (comment vous considérez le client), personnel (qualité des personnes au contact du client) et prix (coût pour le client). Notez l'idéal du client pour chacun de ces points et établissez les priorités en notant entre 1 et 10 chacun des critères, 10 étant la note la plus élevée.

	Critère	Idéal du client	Priorité
PRODUIT	Qualité	Zéro faute	7
PRODUIT	Facilité d'utilisation	Aucune formation spécifique requise	10
PROCÉDÉ	Facilité pour commander	Système rapide et efficace de commande et de livraison	8
PROCÉDÉ	Administration	Facturations et relevés précis	6
PERSONNEL	Connaissance de leurs produits et de leurs services	Une personne capable de répondre à toutes les questions	3
PERSONNEL	Connaissance du client	Capacité de trouver le produit qui convient au client	4
PRIX	Concurrentiel	Prix le plus bas possible	7
PRIX	Conditions de paiement	Conditions de crédit favorables permettant les règlements étalés	6

Un produit de qualité supérieure est un critère important.

La priorité absolue est un produit facile à utiliser.

Qu'une personne puisse répondre à toutes les questions n'est pas une priorité absolue.

ANALYSER LA CONCURRENCE

Comprendre le client et répondre à ses attentes ne peut être couronné de succès que si vos performances sont supérieures à celles de la concurrence. Analysez les capacités de vos concurrents pour identifier les opportunités et les dangers potentiels.

26 Tirez les enseignements des succès et des échecs de vos concurrents.

27 Mettez l'analyse de la concurrence au service de l'esprit d'équipe.

ÉTUDIER LA CONCURRENCE

Si vous avez plusieurs concurrents, sélectionnez parmi les plus importants ceux que vous souhaitez étudier. Procurez-vous leurs brochures et leurs échantillons promotionnels pour savoir ce qu'ils considèrent comme leur force et comment ils le présentent. Étudiez dans la presse les études et les comparaisons de produits. Les clients, tout comme le personnel qui vient de la concurrence, peuvent vous renseigner sur cette dernière. Faites un tableau résumant ses capacités à satisfaire les attentes de vos clients afin de mettre en évidence les points où elle vous est supérieure dans ce domaine.

SE CONCENTRER SUR L'ANALYSE ▼

Ce n'est pas le stade des décisions. N'entreprenez rien avant d'entrer dans la phase de préparation. Vos observations vous serviront à faire ensuite les bons choix stratégiques.

Vos collaborateurs étudient les brochures de la concurrence.

Le chef d'équipe veille à éviter les décisions hâtives.

Un collègue souligne les faiblesses de l'organisation du rival.

Un collaborateur note une occasion pour l'exploiter ultérieurement.

Différences Culturelles

Les Américains acceptent plus rapidement et plus massivement que les Européens les possibilités que les nouvelles technologies offrent, et cela leur donne un avantage sur leurs rivaux européens. Mais cela veut également dire que si vous vendez des technologies nouvelles en Europe, votre succès sur le marché américain ne peut pas vous servir de référence.

Envisager l'Avenir

La plupart des sociétés voient en leurs concurrents des fournisseurs de produits ou de services similaires. Cela peut ne pas être le cas à l'avenir. Il existe plusieurs façons de faire la même chose. Si, par exemple, votre société transporte des gens par hélicoptère vers un centre de conférence, la concurrence peut dorénavant proposer des vidéoconférences qui rendront tout déplacement superflu. Prévoyez l'évolution des attentes de vos clients et cherchez un moyen de les satisfaire au mieux. Gardez à l'esprit que vos concurrents en font autant.

Évaluer les Opportunités

Une fois l'analyse de la concurrence achevée, vous serez à même de voir clairement les différences fondamentales entre votre méthode pour satisfaire les critères prioritaires du client et celle de vos concurrents. Vous exploiterez plus tard, tout au long de votre processus de préparation, les points pour lesquels il s'avère que vous leur êtes supérieur, vous aurez ainsi plus de chances d'être leader du marché.

28 Toute information sur la concurrence peut être utile.

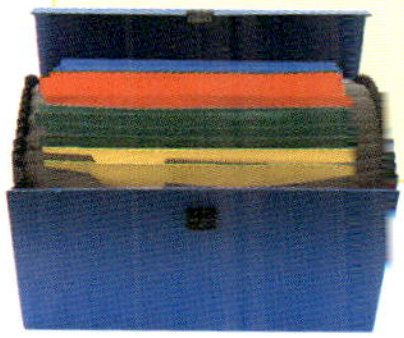

Identifier les Menaces

29 N'ignorez jamais une menace, mais intégrez dans votre projet un moyen de la gérer.

Lorsque votre approche ou vos capacités sont similaires à celles de la concurrence le client n'a aucune raison particulière d'acheter chez l'un ou chez l'autre. Lorsque la concurrence vous est supérieure, il vous faut toutefois prendre les décisions adaptées pour atténuer cette menace. Réfléchissez-y bien car les autres entreprises ne manqueront pas d'en faire de même lorsqu'elles considéreront leurs chances d'attirer votre clientèle à elles.

ÉVALUER SES COMPÉTENCES ET SES CAPACITÉS

L'analyse des méthodes de travail, des systèmes d'information, des ressources et des aptitudes de votre équipe vous permet d'élaborer un projet réaliste. Ne laissez toutefois pas vos faiblesses limiter votre stratégie, améliorez-les.

30 Rappelez-vous qu'aucune méthode de travail n'est immuable.

31 Dans un environnement qui bouge, chacun doit savoir améliorer ses aptitudes.

ÉTUDIER LES MÉTHODES DE TRAVAIL

Vos méthodes de travail doivent être efficaces si vous voulez impressionner le client. Étudiez-les toutes en détail pour déceler celles sujettes à amélioration. Vous devrez peut-être revoir votre politique, confirmer des consignes, modifier des termes et des conditions, changer votre manière d'informer le personnel d'une commande et de distribuer vos produits, ou reconsidérer votre service après-vente. Soyez attentif aux efforts inutiles, aux lacunes et aux plaintes récurrentes.

ACCÉDER AUX INFORMATIONS

Assurez-vous que votre système d'information, qu'il soit manuel ou informatique, procure à vos collaborateurs la bonne information, sous la forme appropriée et au bon moment. Demandez-leur de noter les cas où ils ont gaspillé un temps précieux à la recherche d'une information qu'ils auraient aisément dû trouver dans un document ou dans un rapport archivés. Prenez le temps d'établir une liste complète des lacunes détectées afin de voir laquelle a empêché votre équipe de fournir une prestation irréprochable.

QUESTIONS À SE POSER

Q Puis-je facilement trouver les réponses aux questions des clients si je ne les connais pas déjà moi-même ?

Q Dois-je régulièrement rectifier les informations que je reçois ?

Q Ai-je fait attendre quelqu'un parce que je n'avais pas encore l'information souhaitée ?

Q Est-ce que je sais toujours dans quelle mesure les résultats sont conformes à mes attentes ?

Passer en Revue les Aptitudes de son Équipe

Demandez à vos collaborateurs d'exposer leurs points forts et leurs points faibles face aux exigences du client. Le fait d'exposer ses difficultés permet bien souvent d'y trouver une solution, et parler de ses points forts confirme la confiance en soi. Passez aussi en revue les moyens mis à votre disposition afin d'être sûr que rien ne vous empêchera de fournir une prestation irréprochable au client. Les bureaux, mais aussi les locaux de fabrication et de stockage sont-ils, et resteront-ils, adaptés à vos attentes ? Faites de même avec votre parc de machines et de véhicules, et vérifiez que votre équipement informatique n'est pas obsolète.

▼ **METTRE SON ÉQUIPE À L'AISE**

Lors des réunions de travail, créez une atmosphère où chacun se sente à l'aise pour parler de ses forces et de ses faiblesses. Adoptez une attitude positive, regardez les gens dans les yeux.

Étudier les Capacités Internes

Revoyez les méthodes internes de travail.

↓

Examinez le système d'information.

↓

Évaluez vos équipements et vos installations.

↓

Évaluez les aptitudes et l'experience de votre équipe.

↓

Approuvez les capacités internes.

↓

Notez les points à améliorer.

Parler de ses Forces et de ses Faiblesses

Alors que certaines personnes se sentent suffisamment sûres d'elles pour parler ouvertement de leurs forces et de leurs faiblesses, beaucoup d'autres s'y refusent. Commencez par parler des points forts de chacun, il ne vous en sera que plus facile d'aborder les points à améliorer, notamment si vous utilisez des questions positives comme celles-ci :

« Comment votre travail a-t-il évolué depuis que vous travaillez ici ? »

« Comment pourrions-nous, en gros, améliorer nos résultats ? »

« Proposons-nous une formation suffisante ? »

« Vous trouvez-vous parfois face à une situation que vous ne maîtrisez pas ? »

SYNTHÉTISER SON ANALYSE

Lors de votre analyse, vous aurez accumulé un grand nombre d'informations dont il vous faut maintenant extraire les plus importantes. Faites-en une synthèse qui vous servira de base pour mettre en œuvre votre processus de préparation.

32 Assurez-vous que vos collaborateurs comprennent l'utilité d'une telle synthèse.

33 Une courte analyse de la synthèse permet de maîtriser le problème quand il arrive.

L'ART DU RÉSUMÉ

Il convient maintenant de maîtriser ce flot d'informations afin de pouvoir les dépouiller le plus rapidement et le plus efficacement possible. Vos analyses de tendances et celles concernant vos clients et vos concurrents seront classées, ainsi que les possibilités et les menaces, chacune selon leur ordre d'intérêt, dans un dossier récapitulant vos points forts et vos points faibles. Ce dossier, accessible à tous les membres de votre équipe et à tout moment, permettra à chacun de vos collaborateurs de se faire rapidement une idée précise de la situation. Il donnera une « orientation » au projet et servira de référence pour mesurer les progrès accomplis.

L'ESPRIT DE SYNTHÈSE ▼
Élaborez un dossier dans lequel sont résumées et ordonnées les forces, les faiblesses, les possibilités et les menaces. Le tableau ci-dessous vous aide à poser les bonnes questions pour savoir dans laquelle de ces rubriques appartient chaque élément clé de votre analyse.

LES QUATRE DONNÉES QUI GUIDENT VOTRE ÉQUIPE

FORCES
Quelles sont les compétences de votre équipe ? Dans quels domaines se distingue-t-elle particulièrement ?

POSSIBILITÉS
Comment votre équipe pourrait-elle augmenter les ventes et améliorer les services ? Quels sont les nouveaux marchés ?

FAIBLESSES
Dans quels domaines les ressources et les aptitudes de votre équipe sont-elles limitées ? Où se laisse-t-elle distancer par la concurrence ?

MENACES
Dans quelle mesure vos produits et vos services pourraient-ils se faire dépasser ? Quel marché est en perte de vitesse ?

DIFFÉRENCES CULTURELLES

Les hommes d'affaires asiatiques craignent de « perdre la face » en avouant leurs carences, et ils ont tendance à ne pas admettre leurs faiblesses. Les Britanniques se concentrent trop sur leurs faiblesses pour voir leurs forces. Les Français ont acquis une réputation d'originalité lors de leurs réunions de travail sur leurs forces et leurs faiblesses.

ORDONNER LES RÉSULTATS

Avant de faire votre synthèse, vous devrez vous assurer que les points forts identifiés comme tels apportent réellement quelque chose au client. Si, par exemple, un client veut une réponse rapide et que vous avez conçu un logiciel interface d'assistance, c'est une force. Si, bien que très compétent, votre personnel ne dispose pas d'un tel logiciel, c'est une faiblesse. Les points faibles que vous pouvez améliorer sont à répertorier parmi les possibilités. Considérez comme menaces les points de votre analyse qui vous affaibliront si vous les ignorez.

FAIRE LIRE SA SYNTHÈSE

Avant d'utiliser votre synthèse comme base de votre plan stratégique, soumettez-la à vos partenaires. Ils pourront ainsi mettre le doigt sur les points sujets à malentendus ou les problèmes soulevés à un autre niveau de l'entreprise. Il pourrait également être judicieux de le porter, allégé des informations les plus sensibles, à la connaissance des principaux clients, qui apprécieront bien souvent cette ouverture d'esprit. La synthèse donnera également un certain nombre d'orientations à votre plan stratégique. Cherchez les meilleurs moyens d'utiliser vos forces, d'éliminer vos faiblesses, d'exploiter les occasions et d'éviter ou de surmonter les menaces. Après avoir investi un tel temps dans l'analyse de ce qui est important pour le client, vous pouvez être sûr que votre projet final sera « orienté vers le client ».

QUESTIONS À SE POSER

Q Ma synthèse exprime-t-elle clairement les orientations principales de mon affaire ?

Q Le langage utilisé est-il clair, net et précis ?

Q Ai-je soumis ma synthèse à suffisamment de partenaires avant de la valider ?

Q Tous les points de ma synthèse font-ils l'unanimité de mon équipe ?

▼ REVOIR RÉGULIÈREMENT SA SYNTHÈSE

Utilisez votre synthèse comme un outil permettant de déterminer les idées prioritaires de votre projet stratégique. Vous devrez la revoir et la remettre à jour régulièrement pour lui conserver son efficacité.

Utilisez votre synthèse comme base de votre stratégie → **Revoyez-la tous les trois mois** → **Réactualisez votre synthèse pour qu'elle reflète la situation réelle**

Élaborer sa Stratégie

Un projet stratégique efficace est le fruit d'une mise au point méthodique et s'appuie sur les analyses en profondeur qui ont été menées. L'heure est venue de faire une série de choix qui seront à la base du changement.

Les Étapes du Processus

Un projet stratégique se décompose en étapes. Les décisions prises à chaque étape déterminent son orientation et le test final confirme que la mise au point est satisfaisante avant la mise en application.

34 Avant de prendre une décision, considérez ses éventuelles conséquences.

35 Assurez-vous de l'aide de tiers afin que ce projet soit aussi réussi que possible.

Définir les Étapes

La première étape de votre stratégie consiste à en définir les buts. Une fois une orientation définie, vous pouvez déterminer vos avantages sur la concurrence ou la spécificité de votre entreprise qui représente un atout majeur. Vous devrez ensuite vous fixer des limites, choisir les points sur lesquels porteront vos efforts, deciderdes partenaires que vous consulterez durant le processus et d'un emploi du temps. Un projet très simple ne demande que quelques jours de travail alors qu'un projet plus élaboré peut demander des mois d'effort. Quelle que soit sa durée, toutes les étapes doivent être respectées.

LES DIFFÉRENTES ÉTAPES D'UNE STRATÉGIE

ÉTAPES	FACTEURS À CONSIDÉRER
DÉFINISSEZ VOS OBJECTIFS Exposez vos buts futurs définitifs, approuvés par vos supérieurs, vos collaborateurs et vos partenaires.	• Vos objectifs doivent être compatibles avec ceux des autres services et équipes de la société. • Cette exposition, courte et claire, se limitera à de simples définitions d'intention.
DÉTERMINEZ VOS AVANTAGES Déterminez pourquoi vos clients achèteront vos produits et non ceux de vos concurrents.	• D'autres partenaires peuvent vous aider à cerner vos avantages sur la concurrence. • Ces avantages doivent être durables, la stratégie visant le long terme.
FIXEZ VOS LIMITES Répertoriez les produits et les marchés que vous visez et ceux que vous abandonnez.	• Des limites trop fixes rendront l'équipe rigide, des limites trop vagues la disperseront. • Si certains collaborateurs ont des projets qui leur tiennent à cœur, ils le diront à cette occasion.
CHOISISSEZ LES DOMAINES PRIVILÉGIÉS Identifiez les produits et les marchés méritant un investissement.	• Classez les produits, les services, les marchés et les clients en catégories avant d'établir les priorités. • Les domaines privilégiés devront être revus régulièrement pour être adaptés aux changements.
ÉVALUEZ VOTRE BUDGET Examinez les coûts et évaluez les bénéfices escomptés.	• Le recours à un expert peut se révéler nécessaire. • Vous pouvez faire appel à des partenaires qui vous aideront à estimer les coûts.

36 Remettez vos décisions en question. Revoyez-les et actualisez-les régulièrement.

VÉRIFIER LA STRATÉGIE

Une fois le processus de préparation de la stratégie terminé, vous intégrerez les critères clés de la nouvelle stratégie dans un modèle dit « modèle d'affaire type » qui servira à tester tout à la fois les activités courantes et les idées futures, ou les scénarios commerciaux, pour vérifier leur compatibilité avec votre stratégie. Si vous décidez, par exemple, de travailler avec peu de personnel, un projet de produits nouveaux demandant une attention intensive serait un non-sens. Vous devrez soit abandonner cette idée, soit l'adapter au modèle en modifiant le produit, soit affecter plus de personnes à ce marché.

DÉFINIR SES OBJECTIFS

Apprendre à définir ses objectifs et à faire approuver les orientations prises conforte la place que vous occupez dans votre entreprise et à l'extérieur. De plus, présenter par écrit les buts de son équipe peut aider à clarifier sa pensée et à déterminer sa stratégie.

37 Assurez-vous que votre équipe est à même d'exposer son objectif.

CONSIDÉRER LES BUTS

Si votre supérieur vous demande d'initier la préparation d'une stratégie, il définira certainement dès le départ un ensemble de buts précis. Si vous élaborez une stratégie par vous-même, définissez vos buts en en discutant avec d'autres. Soignez votre formulation, car votre objectif fixera la première limite de votre projet stratégique et aidera tous les partenaires à comprendre les aboutissants de cette stratégie.

38 Veillez à ce que votre objectif soit compatible avec celui de votre société.

DÉFINIR ENSEMBLE DES OBJECTIFS

MANAGER
En tant que manager, vous avez le pouvoir de décision sur les objectifs de l'équipe. Il est toutefois important de discuter de vos buts avec vos collègues au sein de l'entreprise, et même à l'extérieur si besoin est, afin qu'ils approuvent l'orientation prise.

SUPÉRIEURS
Entretenez-vous avec vos supérieurs afin qu'ils puissent déterminer si votre objectif stratégique est compatible avec celui de la société dans son ensemble.

PARTENAIRES
Demandez à vos partenaires de vous aider à définir et à formuler vos objectifs. Leurs suggestions peuvent vous permettre d'améliorer votre vision des choses.

COLLABORATEURS
Demandez à vos collaborateurs d'approuver la définition définitive de vos objectifs, en tenant toutefois compte des suggestions faites par vos supérieurs et vos partenaires.

39 Parler de vos objectifs aux autres équipes afin d'établir de bonnes relations.

DÉBATTRE DE SES OBJECTIFS AVEC SES COLLÈGUES

Les équipes font partie prenante d'une entreprise et doivent avoir de bonnes relations entre elles pour travailler efficacement. Assurez-vous que votre équipe assimile la compatibilité de votre projet avec ceux des autres équipes et apprécie les objectifs des équipes pluri-opérationnelles avec lesquelles elles ont affaire. Certaines sociétés ont une structure formelle de communication des buts stratégiques parmi le personnel. En son absence, il vous revient de faire connaître les objectifs de votre équipe.

EXPOSER SES OBJECTIFS

Demandez à votre équipe une définition simple de ce qu'elle va vendre et sur quel marché. Ne soyez pas tenté de rédiger une « déclaration de mission » qui pourrait être longue et vague. Assurez-vous au contraire que votre équipe rédige une déclaration claire et succincte sur la base de la recherche complète qu'elle a effectuée sur la clientèle et les concurrents.

40 Optez pour des déclarations d'objectifs courtes, ciblées et orientées vers l'action.

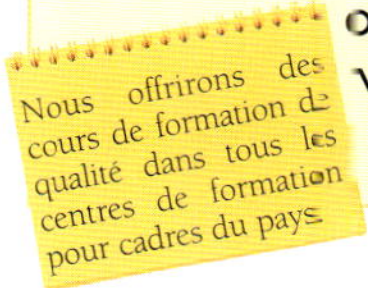

PRÉCISER LES OBJECTIFS

DÉCLARATIONS VAGUES	QUESTIONS SOULEVÉES	DÉCLARATIONS PRÉCISES
« Nous nous concentrerons sur notre considérable expérience des produits alimentaires. »	Ne ferez-vous que vendre des produits ? Où pensez-vous les vendre ?	« Nous fournirons des produits et des services alimentaires sur les marchés d'Amérique du Nord (principalement le Canada). »
« Nous deviendrons un centre incontournable de technologies d'information pour la société. »	Qui sont et où sont vos clients ? Que pensez-vous faire pour eux ?	« Nous fournirons du matériel informatique, des logiciels et des systèmes d'exploitation à tous les services du siège social. »

DÉTERMINER SES AVANTAGES SUR LA CONCURRENCE

Vos aptitudes spécifiques, ou tout ce qui distingue votre société ou votre équipe, constitueront le pilier de votre stratégie. Revoyez en détail votre analyse afin de mettre clairement en balance vos avantages à long terme sur la concurrence.

41 Rappelez-vous que le vainqueur d'aujourd'hui peut-être le vaincu de demain.

42 Vérifiez que vos clients sont d'accord avec ce que vous considérez comme vos avantages.

PAR OÙ COMMENCER ?

Commencez par passer en revue les éléments issus des trois premières étapes de votre analyse. Étudiez les tendances observées lors de l'analyse de l'environnement pour voir exactement dans quels domaines vous devancez la concurrence en termes de marchés et de produits. Répertoriez ensuite les forces mises en évidence par l'analyse de la clientèle et les aptitudes révélées par l'audit interne. Un avantage ne peut être considéré comme tel que s'il est perçu ainsi par le client. Un personnel qualifié et motivé, par exemple, n'est un avantage que s'il est à même de fournir au client une prestation rapide et efficace. Aidez-vous de sondages et de questionnaires, oraux ou écrits, auprès de votre clientèle pour forger votre opinion.

◀ **RECUEILLIR LES OPINIONS**
Demandez au client de vous dire les domaines dans lesquels vous devancez la concurrence. Il aura une opinion objective et vous donnera des idées et des suggestions intéressantes.

RÉSUMER SON ANALYSE

Étudiez votre analyse sur la concurrence. Si vos performances ne surpassent pas celles des concurrents, demandez-vous pourquoi le client vous est resté fidèle. La réponse à cette question révèle vos réels avantages. La mise en évidence de vos avantages sur la concurrence devrait vous permettre de comprendre comment la devancer.

QUESTIONS À SE POSER

Q La formulation de nos avantages sert-elle à définir les produits et les services que nous pourrons vendre ?

Q Chaque avantage nous conforte-t-il dans notre avance sur la concurrence ?

Q Nos clients principaux nous approuveraient-ils ?

Q Nos brochures mettent-elles en lumière les mêmes avantages ?

43 Tirez profit de chaque avantage.

DÉTERMINER SES AVANTAGES À LONG TERME

Les avantages mis en évidence par votre équipe sont peu susceptibles d'être caducs dans un futur proche et devraient subsister au minimum pendant deux ans. Il est extrêmement dangereux de se reposer sur des slogans comme « Notre personnel est notre principal atout », car il rend l'entreprise vulnérable, le personnel n'étant pas lié à vie avec elle. Et enfin, assurez-vous que la formulation de vos avantages est compréhensible pour le client et le convainc des avantages réels que vous lui apportez.

▼ **FAIRE PARLER SON ANALYSE**
Une nouvelle étude systématique de votre analyse permet de confirmer vos avantages. Décidez ensuite desquels vous serez réellement tributaires.

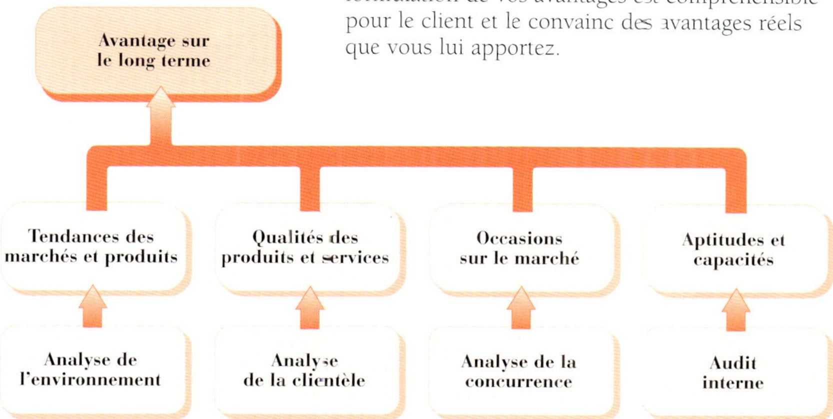

FIXER LES LIMITES

Vos clients et vos ambitions vont générer beaucoup d'attentes, que vous ne pourrez pas toutes satisfaire. Établissez des paramètres précis sur lesquels fixer des limites ; et assurez-vous que tous vos collaborateurs sont d'accord pour respecter ces limites.

44 Il est aussi important de prévoir ce qu'il faut faire que ce qu'il ne faut pas faire.

45 Choisissez les clients fidèles sur le long terme.

▼ L'ACCEPTATION DES LIMITES

C'est le moment où jamais pour un collaborateur de faire valoir un projet ou un produit qui lui tiennent à cœur et trouveraient selon lui l'approbation des clients. Il doit toutefois être prêt à accepter les limites fixées, même si son idée est rejetée, ou à quitter l'équipe.

AMÉLIORER L'EFFICACITÉ

Fixer des limites est important pour éviter les gaspillages de temps et d'énergie à la poursuite d'objectifs qui ne correspondent ni aux besoins du client ni aux intentions de l'équipe. Vouloir satisfaire tout le monde se fait au détriment de la concentration des gens et des moyens et mène droit à l'échec. Définissez clairement vos limites dès le départ afin de réduire le champ des possibilités à prendre en compte plus tard. Vous vous concentrerez sur les points considérés comme importants par votre équipe et améliorerez ainsi votre efficacité.

CIBLER LES MARCHÉS ET LES CLIENTS

Il est aussi difficile de refuser un client ou un marché qu'il est vital de comprendre l'importance des limites fixées. Il vaut mieux identifier et cibler les clients qu'être « sur le qui-vive » au moindre signe d'intérêt. Faites une liste de ce que vous vendrez ou ne vendrez pas, et à qui. Une société privilégie souvent les clients qui paient bien et autorisent la plus grande marge bénéficiaire. Une organisation interne devra cibler les secteurs les plus prospères de la société. Assurez-vous que les décisions en termes de marchés soient bonnes sur le long terme.

À l'issue d'un entretien, le collaborateur accepte la décision et les limites.

Le manager ne réussit pas à faire l'unanimité autour de lui.

Le collaborateur préfère quitter l'équipe, car il n'accepte pas les limites.

FIXER LES LIMITES

Appuyez-vous sur votre analyse.

↓

Décidez les produits que vous vendrez.

↓

Identifiez l'acheteur potentiel.

↓

Décidez les produits que vous ne vendrez pas.

↓

Convenez des personnes auxquelles vous ne vendrez pas

↓

Écrivez vos limites et respectez-les.

46 Dites clairement que les limites sont là pour ne pas être franchies.

CHOISIR SES PRIORITÉS STRATÉGIQUES

Choisissez les domaines pour lesquels vous souhaitez investir temps et moyens. Établissez les priorités au vu de vos produits, de vos services, de vos marchés et de vos clients. Sachez adapter vos décisions aux changements de circonstances.

47 Plus vous concentrez vos efforts, plus vous améliorez rapidement votre efficacité.

48 Vérifiez que vos groupes de produits sont cohérents.

CLASSER LES PRODUITS ET LES SERVICES

Si vous offrez une vaste gamme de produits et de services, considérez-les en termes de catégories pour établir les priorités. Classez les produits selon un critère approprié, leur complexité, par exemple. Une catégorie de produits simples demandera, par exemple, un service après-vente moins important qu'une catégorie plus complexe. Leur valeur, leur date de fabrication ou leur processus de fabrication sont autant de critères possibles, mais vous pouvez décliner ces critères à l'infini.

SEGMENTER LES MARCHÉS ET LES CLIENTS

Vous pouvez aussi regrouper clients et marchés en catégories pour mieux vous concentrer sur chacune d'elles. Une approche créative se révèle souvent payante. La première banque qui a mis en place un réseau de prestations bancaires par téléphone a eu cette idée au cours d'une réunion de travail où elle réalisa qu'une nouvelle catégorie de clients souhaitait faire ses opérations sans se déplacer, et à tout moment. Ce fut rendu possible grâce aux technologies modernes.

POINTS À RETENIR

- Plus une équipe concentre son énergie et ses moyens, plus elle est efficace.
- Se concentrer sur un marché spécifique permet de mieux connaître le domaine de ses clients.
- Marchés et clients peuvent être segmentés selon leur taille, leur potentiel de croissance, leur valeur ; ou leurs techniques et leurs réseaux de ventes.

ÉTABLIR LES PRIORITÉS

Afin d'identifier les catégories importantes pour votre cash-flow (ou marge brute d'autofinancement) et celles qui le seront pour le long terme, étudiez leur potentiel d'achat, en volume et en valeur, pour les deux ou trois années à venir. En termes de prévision de marché, considérez chaque catégorie de la même façon et évaluez le revenu des ventes et/ou les bénéfices actuels et futurs qu'elles génèrent. Établissez les besoins de chaque catégorie. Vous vous apercevrez, par exemple, qu'une certaine catégorie de produits devrait être emballée automatiquement et qu'une autre demande une distribution très rapide. Décidez de l'action à mener pour chaque catégorie de produits et de marchés et utilisez ces informations quand vous chercherez vos lacunes plus tard.

49 Encourager les débats pour que votre équipe concentre ses efforts

Le manager demande des conseils pour ses statistiques de vente.

Le directeur des ventes révèle ses prévisions.

PRÉVISIONS DES VENTES

Une prévision précise des ventes, en volume et en valeur, vous aidera plus tard à décider les domaines où portera prioritairement votre action. Demandez son avis à un collègue du service des ventes.

ÉTUDE DE CAS

En accord avec son équipe, Jeanne, le manager, a donné une nouvelle orientation à son activité. Elle sent une réticence chez David qui devra maintenant vendre aux détaillants et non à la distribution, avec laquelle il travaille depuis longtemps. Quand les résultats de David commencent à baisser, Jeanne le fait venir dans son bureau à un moment où elle sait ne pas être dérangée et lui demande de lui révéler ses problèmes. David avoue ressentir un manque de connaissances dans le commerce de détail et douter de ses capacités à améliorer ses résultats. Jeanne l'envoie alors suivre un séminaire de familiarisation et elle s'arrange pour qu'un bon client prenne le temps de lui expliquer avec précision les mécanismes du commerce de détail. David reprend confiance en lui et ses résultats s'améliorent rapidement.

S'ADAPTER AUX NOUVELLES PRIORITÉS

Un changement dans les priorités incite souvent votre équipe à changer de méthode de travail. Dans ce cas, Jeanne a agi rapidement en constatant les difficultés de David dans sa nouvelle activité. Elle lui a redonné confiance en lui faisant suivre une formation complémentaire et il s'est bien adapté à ses nouvelles responsabilités.

50 Soyez réaliste : tout moyen déployé dans un nouveau domaine est prélevé ailleurs.

DIFFÉRENCES CULTURELLES

Personne ne songe à nier la sagesse d'opérations pilotes pour tester un marché. Les Américains hésitent moins à mettre en vente de grandes quantités, car leur marché intérieur est très vaste. Ils sont moins attentistes que les Européens, qui prennent le risque de se faire damner le pion par la concurrence. Les Asiatiques veulent être sûrs que le marché est bien là, puis frappent fort pour proposer la quantité, la qualité et un prix compétitif.

FAIRE ADOPTER LES PRIORITÉS

Si l'équipe travaille ensemble à l'amélioration des résultats, chaque membre de l'équipe doit approuver les priorités. Une divergence de vue peut générer un conflit et affecter les résultats, en particulier si les membres de l'équipe viennent de différents services de l'entreprise. Les personnes au contact du client préféreront des produits faciles à vendre, alors que le responsable de la production désapprouvera tout article difficile à fabriquer. Assurez-vous que vos partenaires approuvent vos choix en matière de domaines prioritaires. Utilisez une matrice simple pour inciter votre équipe à réfléchir sur l'importance de chaque produit et de chaque marché. Cela vous aidera à approuver les investissements en temps et en moyens que vous y consacrerez plus tard.

▼ PRÉSENTER UN CHANGEMENT DE PRIORITÉ

Présenter un tableau des domaines dans lesquels vous pensez réduire ou augmenter votre action sur des produits et des services peut servir de référence.

Actuel > Futur

Produits/marché	Marché A	Marché B	Marché C
2	H > L	M > L	L > H
1	M > H	0 > M	0 > M

Légendes

- **H** *Haut niveau d'activité avec beaucoup de personnel et de moyens.*
- **M** *Niveau d'activité moyen*
- **L** *Niveau d'activité bas*
- **0** *Aucune activité*
- **>** *Évolution vers le futur*

ÉVOLUTION DES PRIORITÉS

Vos priorités au sein de chaque segment produits/marché devront être revues au gré des évolutions des produits et des marchés. Si une catégorie de clients vous impose des prix bas et réduit trop considérablement votre marge bénéficiaire, vous pourrez être amené à réduire vos efforts envers elle pour, à terme, vous en désintéresser. Votre capacité à le faire dépend de la volatilité des marchés de ces produits. Les évolutions sont particulièrement rapides dans la technologie industrielle. Un producteur de logiciels devra revoir ses priorités au minimum deux fois par an, alors qu'une aciérie ne le fera vraisemblablement que plus ponctuellement.

QUESTIONS À SE POSER

Q Pourquoi obtenons-nous de si piètres résultats sur ce marché ?

Q Sommes-nous sûrs que ce marché enregistrera cette croissance pendant encore deux ans ?

Q Un tel déploiement d'efforts se justifie-t-il dans ce secteur ?

REVOIR SES PRIORITÉS ▶
On devient facilement moins vigilant quand tout se déroule comme prévu. Encouragez vos collaborateurs à toujours remettre en question la validité de la stratégie.

51 Laissez la logique prendre le pas sur l'émotion.

52 Sollicitez l'approbation des personnes impliquées.

RÉSOUDRE LES PROBLÈMES

À la faveur des évolutions des circonstances et des priorités, vous remarquerez vraisemblablement des anomalies et découvrirez des secteurs qui ne méritent plus un tel investissement en temps et en moyens. Réduisez vos efforts dans les domaines en déclin et diminuez le personnel avant que les ventes ne couvrent plus les salaires des personnes concernées. Concentrez votre personnel sur les domaines porteurs que vous identifierez afin d'y atteindre un haut niveau de compétitivité. La diffusion de votre tableau produits/marché devrait grandement contribuer à instaurer un point de vue « solidaire » dans l'ensemble de l'entreprise ou dans certains secteurs.

ESTIMER SON BUDGET

Comprendre les implications financières d'une stratégie est vital pour son succès. Considérez les ventes potentielles, tenez compte des domaines stratégiques prioritaires et estimez vos coûts futurs avant d'élaborer un budget global.

53 Comprenez l'implication financière de votre projet pour en améliorer la qualité.

54 Assurez-vous que vos clients approuvent vos prévisions de vente.

55 Fondez votre budget sur des prévisions de vente réalistes.

PRÉVOIR LES REVENUS

Il est important d'établir une prévision détaillée des ventes pour l'année à venir et, dans les grandes lignes, pour les deux années suivantes. L'échec de cet exercice, qui demande une grande réflexion, remettrait en cause le projet : soit vous n'enregistreriez pas les ventes escomptées et le budget serait menacé, soit vous ne pourriez pas satisfaire la demande. Calculez pour chaque marché une fourchette en tenant compte des ventes maximales, probables et minimales. La prévision des ventes auxquelles vous vous engagez influe sur tous les autres budgets, comme, par exemple, ceux de la production et de la distribution.

APPRENDRE À COMPTER

Tout le monde ne manipule pas les chiffres avec la même aisance. De la possession des connaissances de base en budget et en prévisions dépend toutefois l'élaboration et le succès d'une stratégie. Si vous ne maîtrisez pas totalement un sujet financier, approfondissez vos connaissances, soit en lisant des ouvrages spécialisés, soit en prenant des cours de comptabilité. Une fois acquis les principes de la comptabilité, vous apprendrez sur le terrain en élaborant des budgets et des projets commerciaux, en faisant les comptes de l'entreprise ou en analysant les rapports financiers. Cet apprentissage, laborieux au départ, se révélera ensuite bénéfique et vous améliorerez votre efficacité et vos compétences en comptabilité.

ESTIMER LES COÛTS

Vous pouvez faire une estimation de tous les coûts à partir de vos prévisions des ventes et de la compréhension des attentes des clients. Il convient généralement de classer les coûts en cinq catégories : personnel, fournitures, installations, équipements et informatique. Faites-vous au besoin aider par vos partenaires. Il pourrait être par exemple utile de savoir combien le service informatique a l'intention de vous facturer ses prestations pour les deux ou trois années à venir. Veillez à faire une estimation réaliste plutôt que de calculer les chiffres au plus juste.

56 Considérez tous les coûts dès le début pour éviter de les revoir plus tard.

▼ ÉLABORER LES BUDGETS

Dans ce formulaire de budget très concis, les coûts ont été répartis en cinq postes distincts. Il indique les revenus et les coûts totaux, suivis du bénéfice escompté.

BUDGET

Dépenses	1re année	2e année	3e année
Personnel	33 500	36 850	40 535
Fournitures	22 000	24 200	26 620
Installations	12 000	13 200	14 520
Équipements	6 500	7 150	7 865
Informatique	2 500	2 750	3 025
Dépenses totales	76 500	84 150	92 565
Revenu total	102 000	121 000	139 000
Bénéfice prévu	25 500	36 850	46 435

Coûts pour fourniture de produits ou autres achats

Frais liés aux sites et aux installations

Revenu total escompté

Frais totaux du personnel de l'équipe

Coûts liés à l'achat ou à la location d'équipements par l'équipe

Frais liés à l'administration

CALCULER LA MARGE

Pour calculer la marge d'exploitation, il faut déduire des revenus tous les frais. La plupart des entreprises possèdent un modèle standard de budget. Dans les petites sociétés, où la disponibilité de liquide est plus importante, on fera plus vraisemblablement ressortir un cash-flow, soit un document établissant la chronologie des entrées et des sorties. Au sein des grandes entreprises, on aura besoin d'un cash-flow pour les secteurs où le volume des ventes est censé évoluer de manière spectaculaire.

57 Demandez-vous toujours ce qu'il se passerait en cas de chute des ventes.

INTÉGRER SA STRATÉGIE

Lors de la formulation de votre projet, assurez-vous qu'il s'intègre correctement au sein de l'entreprise. Ses objectifs doivent être compatibles avec ceux des autres services pour éviter les conflits internes et la confusion sur le marché.

58 Présentez toujours au client une stratégie homogène.

59 Pensez à vos relations avec les autres services.

60 Soyez prêt à céder du terrain pour permettre un accord.

IDENTIFIER LES CONFLITS POTENTIELS

Prenez toujours garde aux points générateurs de conflits qui pourraient compromettre votre projet. Agissez avec tact : vous pourriez, par exemple, mettre en lumière les méthodes de travail démodées et inefficaces des autres équipes par le simple fait que vous, et vous seul dans la société, pensez en terme de stratégie. Tachez de savoir si les autres équipes comprendront la nécessité des changements proposés. Assurez-vous de la validité de votre motivation avant de débattre de votre projet avec les autres équipes. Essayez de mettre au point une méthode acceptable par tous et soyez prêt à faire des compromis.

RENDRE LE PROJET COMPATIBLE

Quand vous élaborez votre projet, gardez toujours à l'esprit que vous faites partie d'une entreprise. Cherchez une solution dans le cas où un ancien projet encore en place, élaboré par les autres équipes, fasse obstacle au vôtre. Ouvrez des négociations avec les autres équipes et stimulez chez elles l'envie de changement et de progrès. Discutez des problèmes avec vos homologues pour que le processus stratégique soit un cycle et permette d'anticiper ou de mettre facilement en œuvre les modifications nécessaires au projet, éventuellement proposé par une autre équipe.

61 Attirez l'attention sur les aspects positifs du changement.

62 Organisez des réunions informelles sur la stratégie avec les autres équipes.

ALIGNER LES STRATÉGIES

Tout le processus d'alignement des stratégies sera plus facile si, lors de leur élaboration, les équipes suivent une procédure convenue et utilisent des techniques et des documents standards. Dans le cas contraire, il vous revient de suggérer une approche simple et progressive du processus stratégique. Les logiciels ont un rôle crucial à jouer dans la standardisation des procédures et permettent aux entreprises de communiquer et de mettre à jour leurs processus de planification. Mettez en avant les bénéfices que tire une société du fait que toutes ses équipes peuvent apprendre de leur propre expérience et de celles des autres.

POINTS À RETENIR

- Les entreprises les plus prospères ne cloisonnent pas leurs services.
- Quand un processus a été adopté par une autre équipe, il convient d'en surveiller les conséquences pour vos clients
- Élaborer un schéma du processus aide à clarifier les différentes étapes.

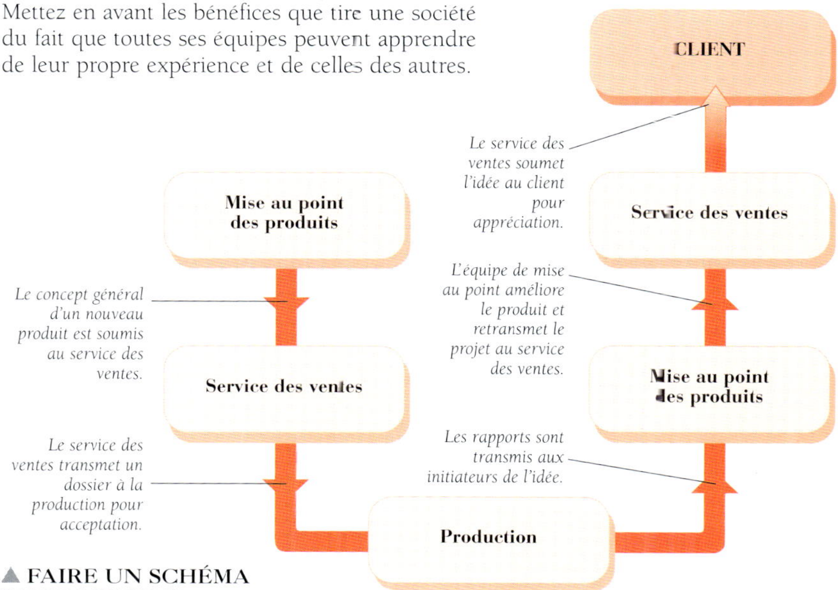

▲ **FAIRE UN SCHÉMA DU PROCESSUS**

Quand un projet concerne différentes équipes, indiquez sur un schéma les points ou intervient chacune d'elles. Les périodes transitoires, génératrices de retards ou de malentendus, sont particulièrement délicates. Pour éviter les problèmes, chaque équipe devra considérer sa propre participation dans le contexte de celle des autres équipes.

63 Exploitez les nombreuses connaissances et expériences de votre équipe.

TESTER SA STRATÉGIE

Vous avez maintenant un projet stratégique auquel chacun devra se conformer. Afin de vous assurer de son efficacité, vous devrez pouvoir tester la compatibilité stratégique des nouvelles idées avec les activités courantes.

64 Assurez-vous que chacun connaît les tests clés pour une nouvelle idée.

65 Rappelez aux gens l'existence de la stratégie pour maintenir leur intérêt.

ÉLABORER UN MODÈLE D'AFFAIRES TYPE

Un modèle d'affaires type vous permet de vérifier la compatibilité des nouvelles idées avec votre stratégie. Pour élaborer celui-ci, faites une liste des plus importants critères de votre stratégie, comme, par exemple, maximiser les ventes à court terme. Attribuez à chaque critère un indice de priorité entre 1 et 10, 10 étant l'indice le plus élevé. Pour tester une idée, définissez la manière idéale de satisfaire chaque critère. Si, par exemple, un critère est d'avoir le minimum de personnel, l'idéal décrit sera de réduire le personnel. Notez ce critère entre 1 et 10 en fonction de sa conformité avec l'idéal, puis multipliez ensemble les deux résultats pour les pondérer. L'idéal est une note de 10 pour chaque critère. Additionnez les notes pour obtenir le résultat pondéré et le résultat pondéré idéal et calculez un pourcentage.

▼ TESTER UNE IDÉE NOUVELLE

On teste ici une idée au vu de trois critères. Elle est satisfaisante en ce qui concerne le premier et le troisième, mais moins convaincante pour le deuxième. Les notes pondérées additionnées ensemble donnent un total que l'on traduit en pourcentage. Avec 61 %, cette idée offre des possibilités stratégiques raisonnables.

Critères (critères principaux de la stratégie)	**Indice de priorité** note de 1 à 10	**Nouvelle idée** note de 1 à 10	**Résultat pondéré** multiplication des résultats	**Résultat pondéré idéal** priorité x 10
Augmenter les ventes à court terme	7	7	49	70
Protéger les ventes à long terme	5	2	10	50
Maintenir un personnel minimal	7	8	56	70
Résultats totaux			115	190
% de l'idéal				61 %

Pour calculer le pourcentage, multipliez le total des résultats pondérés par 100 puis divisez par le résultat pondéré idéal. Ce pourcentage révèle la mesure dans laquelle l'idée colle à votre stratégie.

UTILISER LE MODÈLE D'AFFAIRES TYPE

Une stratégie, aussi bien élaborée soit-elle, n'a aucun sens si elle est ignorée de tous. Encouragez votre équipe à utiliser le modèle d'affaires comme un outil courant, que ce soit pour vérifier leur action (collent-ils réellement à la stratégie adoptée ?) ou pour tester la viabilité de toute nouvelle idée. L'adoption d'un tel processus logique pour évaluer les projets en cours et futurs incite votre équipe à avoir une vue objective des problèmes. Plus ce modèle est utilisé, plus votre équipe acquiert de l'expérience pour évaluer les nouvelles suggestions. En outre, tous vos collaborateurs connaissant exactement les critères et l'idéal recherché, ils auront davantage tendance à faire des suggestions qui se rapprochent de ces importantes exigences.

66 Dites clairement que toute nouvelle idée sera soumise au test du modèle d'affaires.

67 Certaines idées peuvent être décevantes dans la pratique.

CLARIFIER LE PROCESSUS ▶

Assurez-vous que vos collaborateurs aient bien compris comment sont évaluées les nouvelles propositions. Toutes les suggestions doivent passer par ce processus d'examen.

ÉTUDE DE CAS

Pierre, le directeur des ventes d'une société de surgelés, a l'idée d'offrir un nouveau service de livraisons à domicile pour les ménages. Une étude de clientèle révèle que ceux-ci approuveraient un tel service. Il décide donc de soumettre son idée au test du modèle d'affaires type pour voir si elle est compatible avec la stratégie de la société. Les ventes à court terme sont une priorité importante, tout comme les ventes à long terme, mais la qualité du service est une priorité moyenne. Son idée obtient un bon résultat face au premier critère, mais il n'en est pas de même du troisième. Pierre trouve une étude nationale selon laquelle les demandes de livraisons à domicile par l'Internet et le téléphone vont connaître une énorme progression, ce qui va dans le sens du troisième critère. Son idée subit le test avec brio et un service de livraisons à domicile est mis en place.

◀ UTILISER UN MODÈLE D'AFFAIRES

Le patron de Pierre lui avait bien fait comprendre que toute nouvelle idée serait soumise au test du modèle type d'affaires. C'est ainsi que Pierre présenta un jour, de son propre chef, une idée bien argumentée et facile à réaliser dont il savait qu'elle était compatible avec la stratégie générale puisqu'il avait pu en tester lui-même la viabilité.

COMMUNIQUER CLAIREMENT

Le succès de votre stratégie dépend grandement du niveau d'information de chacun. Communiquez votre projet à tous vos partenaires de façon qu'ils comprennent ce que votre stratégie peut leur apporter, et ils se rallieront à votre cause.

68 Une personne ne peut vous aider que si elle sait ce que vous voulez.

69 Soyez aussi franc et ouvert que possible avec vos collègues.

70 Tenez les gens au courant des modifications proposées.

INFORMER SES PARTENAIRES

Qu'ils soient vos supérieurs, des collègues d'autres services, des collaborateurs qui n'ont pas été impliqués dans l'ensemble du processus, des clients ou des fournisseurs, tous vos partenaires sont personnellement intéressés par votre projet stratégique. Vous devez donc les tenir tous au courant des faits importants. Utilisez un langage simple et définissez tous les termes essentiels. Un mot aussi banal que « vente » peut avoir des significations diverses selon les personnes à qui on s'adresse.

RECUEILLIR LES RETOURS D'INFORMATION

Quelle que soit votre méthode de communication, un mécanisme de feed-back se mettra en place, grâce auquel vos partenaires vous diront ce qu'ils pensent de votre projet et de son impact sur eux. Chacun au sein de l'entreprise peut être considéré comme les yeux et les oreilles de l'équipe. Les vendeurs, par exemple, écoutent les clients, alors qu'un ingénieur sur le terrain verra de l'intérieur la progression du travail. Chacun a un rôle à jouer dans la bonne conception de la stratégie finale. Assurez-vous donc que la communication soit à double sens et écoutez. Utilisez ces informations dans les réunions de travail pour améliorer le projet.

DIFFÉRENCES CULTURELLES

Au Royaume-Uni, et, dans une certaine mesure, en Scandinavie, les métaphores, les comparaisons et l'ironie sont couramment employées dans le langage des affaires, non par impolitesse, mais pour souligner expressément un point. Aux États-Unis, au Canada et en Allemagne, de telles tournures peuvent être prises au premier degré et offenser involontairement.

COMMUNIQUER LA STRATÉGIE

MÉTHODE DE COMMUNICATION	FACTEURS À CONSIDÉRER
 **RAPPORT DÉTAILLÉ** L'intégralité du projet, y compris le processus de planification et les projets de changements.	● La documentation doit être conçue clairement et étayée avec l'information des analyses. ● Seuls les supérieurs et les collaborateurs recevront le projet dans son intégralité.
RAPPORT SUCCINCT Grandes lignes de la stratégie et extraits importants du projet. 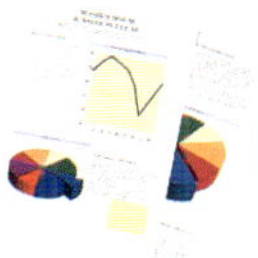	● Ce rapport devra être personnalisé pour chaque partenaire et souligner les facteurs qui les concernent individuellement. ● Toute personne susceptible d'en tirer profit peut recevoir un tel rapport.
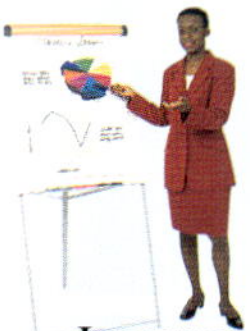 **PRÉSENTATION** Résumé de la stratégie et plan de mise en œuvre avec une aide visuelle.	● Le matériel de présentation doit être professionnel et convaincant. ● On invitera les collaborateurs, les partenaires internes et les homologues du manager.
LETTRES D'INFORMATION Informent de la progression du projet et de la stratégie. 	● Les rapports, brefs, seront régulièrement envoyés aux collaborateurs et aux partenaires. ● La préparation de ces lettres peut être confiée à un membre clé de l'équipe.
 **LETTRES ET E-MAILS** Extraits spécifiques de la stratégie et du projet, ou informations sur les modifications.	● Rapides à rédiger, ils permettent de tenir informées un grand nombre de personnes. ● Les partenaires ayant un intérêt limité pour la stratégie n'ont besoin que d'un minimum d'informations.

71 Prenez soin de conclure par un résumé des actions approuvées.

S'ASSURER DE L'ENGAGEMENT DE CHACUN

Lorsque vous communiquez votre stratégie, encouragez vos auditeurs à se demander « Qu'est-ce que cela signifie pour moi et ma méthode de travail ? ». Cela les aide à comprendre la stratégie. Demandez aux gens de s'engager à tenir leur rôle dans le projet, et, si c'est important, confirmez cet engagement par écrit. La communication d'un projet est un processus continuel. Assurez-vous que l'information arrive bien à ceux qui en ont besoin.

APPLIQUER SA STRATÉGIE

Exécuter un projet stratégique implique la mise en œuvre de projets de changements pour atteindre ses objectifs. Apprenez à discerner les points à améliorer et à établir des priorités.

FIXER LES ACTIONS CAPITALES

La mise en application d'une stratégie commence par l'identification des domaines à améliorer. Comparez la situation actuelle avec l'idéal poursuivi pour déceler les lacunes, puis décrétez « action prioritaire » les modifications cruciales.

72 Apprenez à respecter des processus commerciaux que vous ne pouvez pas modifier.

73 Votre seul but est le meilleur résultat possible.

74 Traitez d'abord les domaines à améliorer les plus importants.

RÉPERTORIER LES AMÉLIORATIONS

Dressez une liste exhaustive de 50 à 100 points qui doivent être améliorés pour la bonne réussite de votre nouvelle stratégie. Celle-ci vous servira de point de départ pour la planification des changements. Faites vous-même une compilation de cette liste si cela vous est aisé ou demandez à vos collaborateurs clés d'y réfléchir avec vous. Posez la question « Étant donné notre but, comment, dans un monde idéal, opérerait notre entreprise dans les domaines commerciaux, technologiques et humains ? ». Les réponses vous décrivent ce que serait l'idéal.

IDENTIFIER LES LACUNES

L'étude de votre situation et sa comparaison avec l'idéal vous révéleront les lacunes. Celles-ci ne seront vraisemblablement jamais intégralement comblées, car un progrès est toujours possible. Vous verrez toutefois clairement les lacunes les plus importantes, celles qu'il vous faut traiter absolument. À l'opposé se trouvent un grand nombre de lacunes qu'il serait souhaitable, mais pas absolument nécessaire de combler.

ÉTABLIR LES PRIORITÉS

Classez les améliorations à apporter en très, moyennement et peu importantes, selon leur urgence et leur impact. Vous n'aurez pas d'autre choix que de vous occuper tout d'abord de la première catégorie. Établissez les priorités en les mesurant, puis classez-les par catégories afin de n'avoir qu'une dizaine de catégories de modifications, appelées « projets de changements ». Alors que vous mettez en application votre projet, votre équipe s'occupera des changements à fort impact avant qu'ils ne deviennent des urgences absolues.

À FAIRE

1. Observez votre processus et votre manière de traiter les commandes.
2. Réfléchissez à la nécessité d'améliorer votre technologie.
3. Observez votre structure de personnel : une petite équipe ne servirait-elle pas mieux le client ?
4. Assurez-vous que vous avez le personnel qu'il faut, avec la compétence requise.

▼ COMPARER LES PRIORITÉS

L'équipe qui établit les bonnes priorités règle vite les problèmes les plus cruciaux. La mauvaise équipe réagit tardivement et remet à plus tard les tâches ardues, perdant ainsi le contrôle sur la stratégie.

PROCÉDURE CORRECTE | MAUVAISE PROCÉDURE

PLANIFIER LES CHANGEMENTS

Apporter des changements réels est crucial pour le bon succès d'une stratégie. Adoptez une approche disciplinée et élaborez des plans d'action pour tous les changements liés à la stratégie, avec objectifs, étapes importantes et durées.

75 Un changement n'est valable que s'il apporte des résultats sans équivoque.

76 Espérez de grandes améliorations des projets de changements.

ALLER DE L'AVANT

Les projets de changements ont pour but d'améliorer votre efficacité et peuvent durer quelques semaines ou plusieurs mois, selon leur complexité et le degré de changement. Chaque projet doit faire l'objet d'un plan d'action élaboré et précis, avec dates prévues de fin et de début. Ne délaissez toutefois ni les plans d'exploitation ni les objectifs qui régissent votre démarche actuelle. Une fois ces changements sur les rails, vous pourrez être amené à revoir et à adapter vos actions.

TIRER LES ENSEIGNEMENTS DU PASSÉ

Prenez des notes tout au long de la mise en place de ces changements, afin que vous ou vos collègues puissiez les consulter si un cas identique se présente plus tard. Si quelqu'un au sein de l'entreprise a déjà fait une expérience similaire, demandez-lui de vous prêter ses notes. Vous reporter à ce qui a été fait auparavant dans ce domaine peut vous donner une vision plus réaliste des choses.

CONSERVER SES DOSSIERS
Tenez à jour vos notes afin de pouvoir les mettre immédiatement à la disposition d'un collègue brusquement confronté à une situation similaire.

77 Formulez vos objectifs sans ambiguïté.

POINTS À RETENIR

- La formulation des objectifs doit être suffisamment claire pour être comprise par un nouveau venu éventuel.
- Tout projet de changement peut avoir plusieurs objectifs.
- La plupart des gens préfèrent avoir des objectifs bien cadrés à des objectifs flous. Cela les rassure.

DÉFINIR LES OBJECTIFS

Avant de décider d'un plan d'action, assurez-vous que vous savez exactement ce que doit apporter chaque changement et quand. Il est important de définir des objectifs aussi précis et spécifiques que possible. Les objectifs, définis en terme de GOALS, doivent être :

- Gérables ; ils doivent être quantifiables.
- Orientés vers le client ; ils doivent améliorer le service proposé au client.
- Accessibles ; ils doivent être réalistes.
- Limités dans le temps ; déterminez leur début et leur fin.
- Stimulants ; ils peuvent constituer un défi pour le manager et son équipe.

En définissant ainsi vos objectifs, vous savez que tous vos partenaires ont une vue précise de vos attentes et sont en mesure d'évaluer le changement à sa juste valeur.

ATTRIBUER LES RESPONSABILITÉS

Tout projet de changement peut être épineux à mettre en place, car beaucoup de gens sont réfractaires au changement. Vouloir opérer un changement d'attitude important, comme la perception de votre entreprise par le client, peut être un processus long et laborieux. Quelqu'un doit toutefois en assumer la responsabilité pour la bonne marche du projet. C'est généralement le collaborateur avec la plus grande expérience dans le domaine, ou, à défaut, le manager lui-même.

Un membre de l'équipe prend la tête du projet.

Ses collègues l'assurent de leur soutien, mais ne prennent pas de responsabilités.

PRENDRE SES RESPONSABILITÉS

Chaque projet de changement doit être supervisé par un collaborateur qui en est tenu pour responsable. Celui-ci doit s'assurer que chaque membre de l'équipe fait ce qu'on attend de lui.

JALONNER LE CHEMIN

Les projets de changements sont, par nature, souvent longs à accomplir. Vous n'arriverez par exemple jamais à changer vos méthodes de travail du jour au lendemain. Une fois les objectifs de tels changements établis, il est important d'en jalonner le chemin afin que votre équipe sache toujours si les changements ne s'en écartent pas. Posez-vous la question « De quoi ai-je besoin pour atteindre le prochain jalon ? » et décomposez le travail à accomplir en des séries de tâches. Les jalons peuvent être des événements, comme la rédaction d'un rapport, ou l'accomplissement d'un objectif comme, par exemple, l'attribution par le directeur de nouvelles ressources afin de permettre l'adaptation du processus de vente.

À FAIRE

1. Disposez des jalons au vu desquels vous pourrez mesurer vos progrès.
2. Établissez des directives claires, sans ambiguïté et compréhensibles pour tous.
3. Tenez vos partenaires au courant des progrès et des modifications du projet.
4. Vérifiez que vos partenaires se sentent capables d'atteindre les jalons fixés.

78 Assurez-vous que les priorités de l'équipe sont les mêmes que les vôtres.

FIXER DES DATES BUTOIRS

Tout changement demande du temps. Il ne faut toutefois pas que votre équipe accorde un intérêt tardif à un changement sans grande répercussion sur le projet, mais néanmoins urgent. En fixant des dates butoirs, vous vous assurez que vos collaborateurs ne se laisseront pas détourner de leur voie par des problèmes d'exploitation quotidiens. Soulignez le fait que toute défaillance peut gravement affecter les résultats ultérieurs. Si vous avez désigné un responsable et déterminé une date butoir, il doit faire en sorte que les délais soient respectés.

◀ **APPROUVER LE PLANNING**
Assurez-vous que les buts fixés sont élevés mais réalisables. Discutez-en avec vos collaborateurs pour être sûr qu'ils sont réalistes et affirmez que vous tenez à ce qu'ils soient atteints.

ARCHIVER LES PROGRÈS

Tous les plans d'action des projets de changements devront être réactualisés régulièrement et mis à la disposition des membres de l'équipe. Mettez tous les plans, avec tous les documents nécessaires pour les étayer, dans une chemise qui renfermera tous les aspects de la mise en œuvre de votre projet. Vous pouvez aussi y inclure toutes les recherches faites pendant la phase analytique et stocker toutes ces données dans un dossier électronique. Consultez votre chemise ou votre fichier informatique et encouragez vos collaborateurs à faire de même pour que le document garde tout son dynamisme et toute son utilité au quotidien.

POINTS À RETENIR

- La documentation devra être étoffée et facilement accessible.
- Des plans décrits simplement et clairement peuvent être plus facilement exécutés par la personne qui en est chargée.
- Encouragez vos collaborateurs à consulter et à mettre à jour régulièrement le plan d'action.

79 Rappelez-vous qu'un plan d'action n'est jamais achevé tant qu'il n'est pas écrit.

▼ DOCUMENTER LES PROJETS DE CHANGEMENTS

Le plan d'action des progrès de changements doit être un document concis, clair, net et précis.

PLAN D'ACTION DES PROGRÈS DE CHANGEMENTS

OBJECTIF Instaurer un système de traitement et de classification des ventes (budget maximal de 50 000 F)	
MESURE Réduction à 50 jours en moyenne, au lieu de 80, des délais de recouvrement des créances.	
DATE LIMITE Soumettre à test fin janvier prochain, achèvement en septembre	Initiateur RHC
ACTIONS Acceptation des éléments du nouveau système en accord avec les services internes et les clients	Date 28 mars Responsable ASD
JALONS Recommandation approuvée par la direction	Date 11 juin Responsable RHC

Définition claire des objectifs du projet (→ Objectif)

Date butoir pour la réalisation des changements (→ Date limite)

Événement ou réalisation d'un objectif qui jalonne la progression. (→ Actions)

Événement clé qui vous permet de vérifier si le projet est en voie d'aboutir dans les délais. (→ Jalons)

Elément qui permet de mesurer les objectifs. (→ Mesure)

Personne responsable de la réalisation des objectifs (→ Initiateur RHC)

Date à laquelle l'action devrait être terminée. (→ Date 28 mars)

Personne responsable de l'action. (→ Responsable ASD)

ÉVALUER LES RISQUES

Assurez-vous, comme vous l'avez fait auparavant avec le projet pendant la période de planification, que rien ne viendra maintenant entraver la réalisation des plans des projets de changements. Répertoriez les dangers potentiels et tâchez de les réduire.

80 Répétez toujours un plan contre les imprévus pour qu'il reste efficace.

81 Demandez aux partenaires ce qui fonctionne mal.

82 Saluez l'inattendu comme un challenge supplémentaire.

PRÉVOIR LES PROBLÈMES

Réunissez votre équipe dans le seul but de plancher sur les problèmes pouvant éventuellement surgir. Soumettez chaque plan d'action à la question « Qu'est-ce qui pourrait l'empêcher de réussir ? ». Ce processus encourage votre équipe à défendre le plan contre des critiques constructives. Elle aura par conséquent une confiance accrue dans la stratégie et sera davantage motivée pour surmonter les obstacles éventuels. Ne vous dispersez pas en prenant en compte tous les dangers potentiels, mais uniquement ceux qui ont réellement cinquante pour cent de risques de surgir.

ÉVALUER LEUR IMPACT

Tous les problèmes n'ayant pas la même importance, considérez leur impact individuellement et demandez à votre équipe de dire quels problèmes empêcheraient de réaliser en temps voulu le projet de changements. Classez les menaces selon leur probabilité en forte, moyenne et faible. Lors de la mise en application de votre stratégie, votre équipe commencera à réfléchir sur le long terme et passera inévitablement davantage de temps sur les menaces à forte probabilité mais à faible impact. Elle sera ainsi mieux à même de maîtriser la stratégie et l'environnement commercial.

POINTS À RETENIR

- Lors du changement de plan, il devrait être possible d'éviter complètement un problème potentiel sans affecter la stratégie.
- Pour évaluer correctement les problèmes, il est important de ne pas tenir compte que de la situation courante, mais des deux ou trois années à venir.
- Un changement de client ou de fournisseur peut constituer une réelle menace pour la réussite du projet.

ÉVITER LES PROBLÈMES

Les menaces les plus importantes sont celles avec le plus grand impact potentiel et la plus grande probabilité d'arriver. Modifiez ou complétez un plan d'action pour les éviter. Un autre partenaire, par exemple, peut être capable d'atténuer une menace donnée. Penchez-vous sur le problème pour déterminer s'il peut être évité, ou si l'objectif ou le jalon fixés ne peuvent pas être atteints. Dans ce dernier cas, vous devrez reconsidérer les choses.

Le partenaire envisage un problème.

Le collaborateur explique un changement dans la procédure.

RECUEILLIR DE NOUVEAUX POINTS DE VUE

Il est important de s'entretenir avec le client des changements et de leur impact sur lui. Cela peut vous éclairer d'un jour nouveau sur les problèmes potentiels.

ANTICIPER LES PROBLÈMES

En prenant par avance les mesures appropriées, Laura a permis de réduire à moins d'un mois le retard dans la livraison de logiciels. Les services au client furent maintenus et les problèmes minimisés.

PRÉVOIR UN PLAN D'URGENCE

Vous ne pouvez pas anticiper tous les problèmes importants, mais imaginer des solutions alternatives pour atteindre l'objectif menacé. Ce qu'il convient d'appeler un plan d'urgence permet alors à l'équipe de réagir vite et en douceur quand un problème dit potentiel se présente. Vous pourrez parfois vous contenter de voir venir un problème pour le résoudre ensuite, mais vous serez prêt à réagir promptement et efficacement si un problème est correctement évalué. Mieux vaut prendre ses précautions plutôt que d'attendre la crise.

ÉTUDE DE CAS

Laura s'occupe des logiciels interface d'assistance pour le siège social. Elle et son équipe prévoient un changement important dans le système informatique pour mieux servir le client. Un élément vital du logiciel dont elle a besoin se trouve en phase finale d'essai et Laura sait que tout retard dans sa livraison l'empêchera d'adopter le nouveau système en temps voulu, voire de maintenir le niveau de prestation actuel. Pour Laura, le risque est très probable et son impact important. Elle en parle à son fournisseur qui accepte de lui prêter deux employés en cas de retard. Laura les paiera le premier mois, puis le fournisseur prendra le relais. L'équipe prévient alors les clients d'un possible retard dans l'adoption du nouveau système et leur explique la solution d'urgence choisie.

RECONSIDÉRER LES OBJECTIFS D'EXPLOITATION

Une nouvelle stratégie impose presque inévitablement une modification des objectifs d'exploitation. Adoptez de nouveaux objectifs, quand ils sont atteints, cherchez les moyens d'apporter de nouvelles améliorations.

83 Considérez que vos collaborateurs veulent faire de leur mieux pour réussir.

84 Fixez des objectifs qui contribuent au développement de l'équipe.

85 Laissez les gens décider des moyens d'atteindre leurs objectifs.

MORCELER LES OBJECTIFS

Traduisez l'objectif général en objectifs spécifiques de performance quantifiables au niveau directement inférieur, et ainsi de suite jusqu'à l'équipe. Les objectifs de performance, même s'ils sont à deux niveaux seulement, font partie d'une hiérarchie où les performances au plus haut niveau sont réalisées par le biais d'objectifs atteints en différents secteurs de l'entreprise.

FIXER DES OBJECTIFS RÉALISTES

Les objectifs peuvent être difficiles à atteindre, mais réalisables. Un objectif facile n'incite pas les gens à donner le meilleur d'eux-mêmes. En revanche, si le défi est trop épineux, soit ils ne le relèvent pas, soit ils se soumettent eux-mêmes à une pression trop forte. En tant que manager, il vous revient maintenant de communiquer votre enthousiasme et d'inciter vos collaborateurs à soulever les défis à venir. Assurez-vous que les gens sont prêts à s'engager dans l'action et ont confiance en leur capacité de réussite.

POINTS À RETENIR

- Si tout le monde atteint ses objectifs, voire les dépasse, ils étaient vraisemblablement trop bas.
- Il est plus gratifiant d'atteindre un objectif réaliste que d'échouer face à un objectif trop élevé, et ce, pour le même travail.
- La somme des objectifs des équipes devrait être supérieure à l'objectif global pour pallier tout déficit éventuel.

86 Expliquez à votre équipe que votre stratégie sera bénéfique aussi bien à court terme qu'à long terme.

AMÉLIORER LE RÉSULTAT D'EXPLOITATION

Mettez en œuvre une nouvelle stratégie.

Exécutez les projets de changements.

Revoyez les objectifs d'exploitation.

Établissez un plan opérationnel d'équipe.

Créez des plans opérationnels individuels.

Atteignez de meilleurs résultats.

APPORTER DES AMÉLIORATIONS

Au fur et à mesure que les équipes atteignent de nouveaux objectifs, vous pourrez initier de nouvelles améliorations. La plupart des entreprises évoluent sur des marchés où les attentes des clients augmentent régulièrement, de même que la capacité de la concurrence à les satisfaire. Veillez à rester dans la course. N'attendez pas le début de la nouvelle année comptable pour discuter de vos objectifs. Révisez-les continuellement et encouragez les gens à vouloir être toujours plus efficaces.

Le supérieur est d'accord pour investir plus de personnel, dans l'attente de meilleurs résultats.

Le manager explique comment une nouvelle idée lui permettrait d'atteindre des objectifs plus élevés.

◄ UTILISER SES OBJECTIFS POUR CONVAINCRE

Utilisez vos objectifs pour obtenir le soutien de vos supérieurs. Expliquez que vous pourriez, avec davantage de personnel, atteindre de nouveaux objectifs en exploitant une nouvelle idée. Dites comment, quand et dans quelle mesure. Vous serez vraisemblablement approuvé.

MOTIVER LES GENS

Une nouvelle stratégie implique des idées et des défis nouveaux. Motivez vos collaborateurs, assurez-vous que leur rôle les satisfait et encouragez-les en leur faisant suivre une formation et en récompensant leurs résultats.

87 Partez du principe que les gens veulent toujours faire mieux.

▲ **IMPLIQUER LES CLIENTS**
Les clients seront d'autant plus enthousiastes et coopératifs qu'ils se sentiront impliqués dans la stratégie. Demandez à un collaborateur clé de l'expliquer aux clients. Demandez au client de confirmer son approbation, au besoin par écrit.

REVOIR LES RÔLES ET LES RESPONSABILITÉS

Lorsqu'une équipe adopte une nouvelle stratégie, presque tous ses membres et les autres partenaires sont amenés à changer leurs habitudes et à s'adapter aux nouvelles exigences de leur travail. Profitez-en pour revoir les rôles et les responsabilités de chacun. Adoptez une attitude qui pousse les gens à donner le meilleur d'eux-mêmes. Entamez des discussions individuelles avec vos collaborateurs, peut-être en même temps que vous discutez des nouveaux objectifs d'exploitation, pour vous assurer qu'ils sont satisfaits de tous les changements. Déléguez ensuite les collaborateurs les plus expérimentés auprès de vos partenaires. Il est important que chacun comprenne ses nouvelles responsabilités, y compris les managers de votre entreprise, les clients et les fournisseurs.

À FAIRE ET À NE PAS FAIRE

✔ Encouragez vos collaborateurs à exposer des propositions d'amélioration.

✔ Assurez-vous que tous ont compris leur nouveau rôle.

✗ Ne récompensez pas les gens qui travaillent en dehors de la stratégie.

✗ Ne croyez pas que les rôles attribués sont fixés pour toujours.

88 Si vous élevez les objectifs, tenez compte des remarques pour améliorer les chances de succès.

89 Mettez la barre le plus haut possible, pour vous-même et pour vos collaborateurs.

INVESTIR DANS LA FORMATION

Les changements de rôles et de responsabilités peuvent révéler chez des gens très qualifiés pour certaines fonctions des lacunes dans leur aptitude à atteindre les nouveaux objectifs. Vous devrez donc déterminer les domaines dans lesquels ces personnes devront s'améliorer afin de réaliser les nouveaux objectifs et leur proposer des formations adaptées en conséquence. La technologie peut aussi dispenser vos collaborateurs d'acquérir certaines compétences ou connaissances nouvelles. Vous devez donc vous tenir informé sur les matériels, les ordinateurs et les logiciels et faire de leur utilisation un plus pour votre équipe.

RÉCOMPENSER LES GENS

Assurez-vous que l'ancien système de gratification est encore adapté. Le changement d'objectifs, de rôles et de responsabilités appelle peut-être de nouvelles récompenses. Guider et motiver sont deux éléments déterminants dans la recherche continuelle de l'amélioration des services et des résultats de votre équipe. Prodiguez à votre équipe l'aide nécessaire pour qu'elle fasse correctement son travail et aidez vos partenaires à remplir leur rôle du mieux qu'ils peuvent. La reconnaissance du travail accompli est aussi importante qu'une gratification financière, mais l'un n'empêche pas l'autre. Toutefois, si le travail n'est pas satisfaisant, n'hésitez pas à le dire. Si quelqu'un dans votre équipe ne sait pas évaluer la valeur de son travail, vous devrez encore affiner votre définition des objectifs, des rôles, des responsabilités et des gratifications.

▼ **SAVOIR REMERCIER**

La manière la plus simple et la plus efficace de récompenser quelqu'un pour son bon travail est encore de lui dire merci, si possible devant ses collègues pour donner plus de force au message et inspirer confiance.

SURVEILLER LES RÉSULTATS

Assurez-vous que votre projet est en bonne voie en surveillant de près ses progrès. Demandez qu'on vous signale toute défection ou tout problème et surveillez les changements au sein de la société quand ils affectent votre projet.

90 Ne surchargez pas vos collaborateurs de détails peu importants pour eux.

▲ **NOTER LES PROBLÈMES**
Utilisez des feux tricolores pour indiquer les progrès. Un feu rouge ou orange indique des problèmes très rapidement.

ORGANISER LES COMPTES RENDUS

Les comptes rendus de résultat montrent les progrès réalisés vers le but fixé. La technique la plus efficace consiste à utiliser des indicateurs rouge, orange et vert. Si, par exemple, vous avez atteint une production de 500 pièces en milieu d'année pour un objectif annuel de 1 000 pièces, l'indicateur sera vert. Si des problèmes ont limité la production à 380 pièces, l'indicateur sera alors orange et le problème devra être discuté au cours de la prochaine réunion de bilan. Une production de 150 pièces seulement sera sanctionnée par un indicateur rouge qui signifiera soit qu'il est urgent d'intervenir, soit que le but ne peut plus être atteint.

SURVEILLER LES PROJETS DE CHANGEMENTS

Vous pouvez utiliser ces mêmes indicateurs vert, orange et rouge pour évaluer les projets de changements. Une majorité de jalons atteints sera signalée par un indicateur vert, mais si des problèmes apparaissent, il reviendra au manager de faire savoir à l'équipe que l'indicateur est passé à l'orange. En cas de problèmes sérieux, le manager hissera immédiatement le drapeau rouge et un changement de cap devra être sérieusement envisagé afin de remédier à cette situation.

ÉVALUER LES PROGRÈS DES AUTRES

Ne vous contentez pas de surveiller votre progression, il est tout aussi important de surveiller celle des gens extérieurs à votre équipe si elle est susceptible d'affecter vos propres résultats ou vos projets de changements. Si, par exemple, la production prend du retard dans une catégorie de produits et qu'en tant que directeur des ventes vous vous êtes fixé un objectif précis, il vous faudra en être informé. Essayez de persuader les autres équipes d'adopter le même processus standard de rapports que le vôtre afin de pouvoir les comprendre plus facilement. Désignez un responsable qui s'assurera de leur opportunité et de leur exactitude, de préférence un membre de l'équipe lui-même responsable pour certains éléments de ce rapport. Soulignez l'importance de donner des informations récentes et claires, en souhaitant que votre exemple sera suivi.

91 Surveillez votre progression de manière informelle en écoutant, en observant et en communicant.

92 Tenez-vous informé des changements à d'autres niveaux de l'entreprise.

▼ SURVEILLER EFFICACEMENT

Le diagramme ci-dessous montre l'importance d'un système de surveillance qui signale toute divergence entre les objectifs et les progrès. Une fois le point critique dépassé, il pourrait être en effet impossible de remettre le projet sur les rails. Les objectifs d'exploitation devront être surveillés une fois par semaine et non une fois par mois.

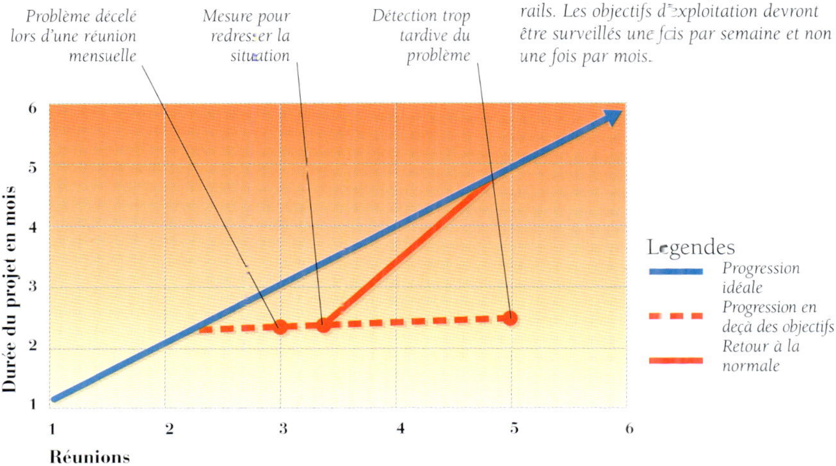

ORGANISER DES RÉUNIONS

Des réunions de bilan mensuelles permettent d'examiner les questions d'exploitation courantes, de résoudre les problèmes mis en lumière par le compte rendu de progression et de vérifier la pertinence de la stratégie.

93 Présidez les réunions avec fermeté et ne vous écartez pas du sujet.

94 Restez inflexible sur les horaires des réunions.

ÉTUDIER LA PROGRESSION

Tout comme un conseil d'administration, les équipes se réunissent généralement une fois par mois. Établissez l'ordre du jour au vu des indicateurs vert, orange et rouge. Prenez en compte la situation précédente et estimez son évolution probable si vous laissez les choses en l'état. Vérifiez ensuite si vos projets de changements vont réellement dans le bon sens. Et enfin, vérifiez vos hypothèses. Quelle est la validité de votre plan sous tous les points de vue ? Les réponses inciteront à suggérer un certain nombre de changements dans votre méthode de travail.

PLANIFIER ▼ LES RÉUNIONS
Abordez d'abord les questions urgentes. Quand aucune solution ne se dégage, confiez la résolution de ce problème à la personne de l'équipe la plus qualifiée.

RÉSOUDRE LES PROBLÈMES

Discutez des indicateurs montrant la nécessité de réagir immédiatement. Si, par exemple, une livraison pour un client important accuse un retard significatif, l'équipe doit décider des mesures à prendre, désigner un responsable pour résoudre le problème avant une date butoir déterminée. Discuter de la progression au vu des projets de changements est toujours utile, et très souvent l'équipe tout entière y apporte sa contribution. Si un point litigieux revient régulièrement sur la table, envisagez les mesures appropriées à prendre et modifiez-le projet plutôt que de laisser pourrir la situation.

POINTS À RETENIR

- Si un projet de changements se déroule sur une longue période, assurez-vous qu'il reste frais dans la mémoire de tous.
- Toute l'équipe peut être impliquée dans une discussion concernant les projets de changements se déroulant moins vite que prévu.
- La présence d'un supérieur est parfois souhaitable à une réunion, surtout si vous prévoyez de demander davantage de moyens.

95 N'attendez pas pour modifier un plan qui ne fonctionne pas.

96 Profitez des réunions de bilan pour tester les nouvelles idées au vu du modèle d'affaires.

RÉVISER SA STRATÉGIE

Profitez des réunions mensuelles pour revoir en détail les objectifs d'exploitation et les projets de changements en cours. Prévoyez régulièrement des réunions plus longues, consacrées à votre stratégie, pour vérifier que votre projet conserve toute sa signification et vous assurer que votre plan est toujours le meilleur. Vérifiez aussi que les hypothèses émises lors de la phase de recherche des données sont encore fiables. Il est peu probable que deviez revenir lors de ces réunions sur la phase de définition des buts, sur l'examen de vos avantages sur la concurrence ou sur les limites fixées, mais il se peut que vous deviez revoir les catégories de marchés de produits et changer leur priorité, ou reconsidérer le budget.

À FAIRE ET À NE PAS FAIRE

✔ Rappelez qu'au final les changements seront profitables à tous.

✔ Reposez-vous sur le fait que chacun fera sa part dans les projets de changements.

✗ N'acceptez pas que les pressions quotidiennes empêchent les projets de changements.

✗ N'espacez jamais les réunions de plus d'un mois.

97 Si nécessaire, envisagez des changements dans votre modèle d'affaires même.

Savoir s'Adapter

L'épreuve de vérité pour un plan stratégique est le contact avec le marché, avec la réalité. Soyez alors prêt à réagir et à modifier votre plan en fonction des nouvelles circonstances et de l'imprévu.

98

Prenez soin d'améliorer votre flexibilité.

Réagir à l'Inattendu

On ne peut pas tout prévoir. Des événements extérieurs peuvent vous contraindre à revoir les fondements d'un plan récemment mis en application. Un changement radical, comme l'apparition sur le marché d'un produit concurrent ou la fusion d'un client important avec une autre société, peut avoir un impact sensible sur votre stratégie. Quoi qu'il en soit, vous devrez certainement revoir, vraisemblablement chaque année, les orientations générales de votre projet.

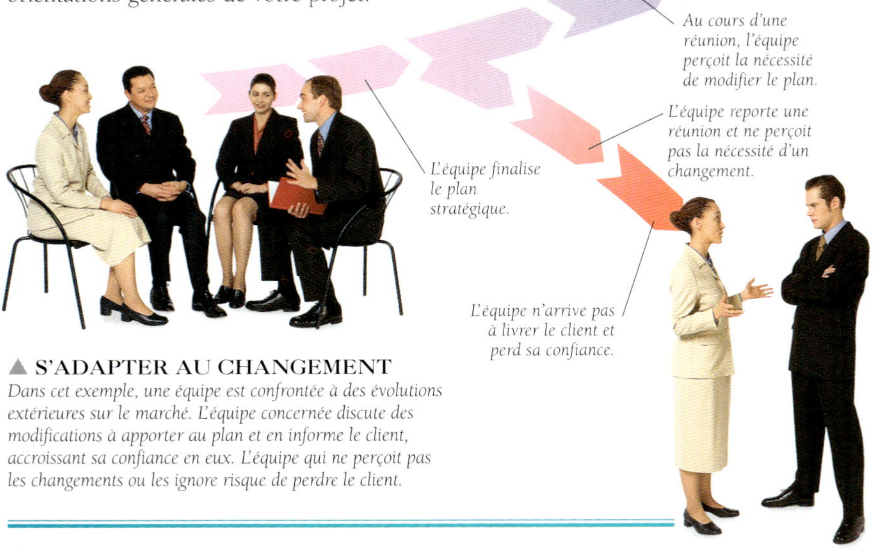

▲ S'ADAPTER AU CHANGEMENT

Dans cet exemple, une équipe est confrontée à des évolutions extérieures sur le marché. L'équipe concernée discute des modifications à apporter au plan et en informe le client, accroissant sa confiance en eux. L'équipe qui ne perçoit pas les changements ou les ignore risque de perdre le client.

99 Écoutez ce que vos fournisseurs vous disent sur les changements dans leur domaine.

Par sa capacité d'anticipation, l'équipe impressionne et fidélise le client.

CHANGER DE CAP

Soyez prêt à changer votre plan stratégique si nécessaire. En fait, la véritable valeur d'un bon plan stratégique est de procurer les bases pour évaluer les possibilités, et ce, même dans un environnement commercial mouvant. Pour être efficaces, vous et votre équipe devez constamment mettre au défi vos méthodes de travail et chercher à modifier et à améliorer vos manières de satisfaire le client. Les réunions de bilan offrent une excellente plate-forme qui permet de discuter de ces idées. Une situation difficile peut, par exemple, survenir si un projet qui tenait à cœur pour un nouveau produit est réduit à néant par un concurrent qui offre quelque chose de nettement meilleur. Votre processus de bilan doit permettre d'intégrer de nouvelles idées, mais aussi de mettre au rebut des idées devenues obsolètes. À nouvelles idées nouveaux moyens, et il n'est pas rare que ceux-ci soient prélevés sur des activités ou des projets en cours.

TESTER DE NOUVEAU SA STRATÉGIE

À la fin de l'année, la stratégie peut beaucoup diverger du projet initial, mais, si l'équipe s'est tenue aux critères définis pour le modèle d'affaires type, elle bénéficiera des indices optimaux d'orientation et de vitesse de développement. Tout l'intérêt d'utiliser le modèle d'affaires type ressortira de nouveau à l'occasion de changements imprimés par l'équipe à la stratégie. En soumettant un projet, tel qu'une nouvelle priorité sur un marché de produits, au test du modèle d'affaires type, vous percevrez les possibilités à exploiter. Il arrivera peut-être un moment où celui-ci devra lui-même être revu. Mais telle est la raison d'être de la pensée stratégique : rester dans la course et s'améliorer constamment.

100 Réagissez avec courage et résolution aux changements.

101 Gardez à l'esprit que penser en stratège est aussi passionnant que d'affronter la concurrence.

ÉVALUER SA CAPACITÉ À PENSER EN STRATÈGE

Évaluez votre capacité à penser en stratège en répondant aux affirmations suivantes. Pour ce faire, cocher la case la plus proche de votre expérience. Soyez aussi honnête que possible : cochez la case 1 pour « jamais » et 4 pour « toujours », etc. Additionnez vos résultats et évaluez-les au vu de l'analyse. Utilisez vos réponses pour identifier les domaines les plus sujets à amélioration.

OPTIONS

1 Jamais

2 Parfois

3 Souvent

4 Toujours

1 Je fais toujours en sorte d'avoir des projets sur deux ans.

1 2 3 4

2 Je possède les informations nécessaires pour prendre mes décisions.

1 2 3 4

3 Je parle avec les gens impliqués de leur rôle et de leur responsabilité dans ma stratégie.

1 2 3 4

4 Je discute de ma stratégie avec tous les gens impliqués, à quelque niveau que ce soit.

1 2 3 4

5 J'organise des réunions pour vérifier le planning de mon équipe régulièrement.

1 2 3 4

6 Mon travail et mes projets me font devancer la concurrence.

1 2 3 4

7 Je suis capable de prévoir précisément les besoins de mes clients.

1 2 3 4

8 Je tire le meilleur parti possible des nouvelles technologies.

1 2 3 4

9 Je peux énumérer les tout nouveaux critères d'achat de mes clients.

1 2 3 4

10 Je connais le contenu des sites Web de mes concurrents, et j'y vais régulièrement.

1 2 3 4

11 Je discute régulièrement des méthodes internes de travail avec mon équipe.

1 2 3 4

12 Je possède l'esprit de synthèse, et sais faire une analyse.

1 2 3 4

13 Je comprends ce qui fait que je devance actuellement la concurrence.

1 2 3 4

14 Je débats de la stratégie et de son application avec les autres chefs d'équipe.

1 2 3 4

15 Je discute des changements de stratégie avec les clients et les fournisseurs.

1 2 3 4

16 J'utilise le modèle d'affaires type pour savoir si mes idées s'accordent avec ma stratégie.

1 2 3 4

17 Je m'assure que mon équipe connait les critères d'adoption des idées nouvelles.

1 2 3 4

18 Je m'assure que mes collaborateurs agissent toujours dans le sens de ma stratégie.

1 2 3 4

19 J'ai établi les priorités appropriées pour le marché des produits.

1 2 3 4

20 J'engage mes fonds dans de nouveaux marchés potentiels avec faibles profits à court terme.

1 2 3 4

21 Je connais le poids de mes coûts au sein du budget de l'entreprise.

1 2 3 4

22 Je sais ce que représentent mes ventes par rapport à l'objectif fixé.

1 2 3 4

23 Je connais les points faibles de mes collaborateurs et sais utiliser leurs compétences.

1 2 3 4

24 J'engage à fond mes collaborateurs dans les projets de changements.

1 2 3 4

25 J'ai un projet stratégique parfaitement documenté et je le tiens à jour.

1 2 3 4

26 Je suis conscient des menaces qui pèsent sur mes objectifs.

1 2 3 4

27 Je fais en sorte que ceux qui en ont besoin restent informés de ma stratégie.

1 2 3 4

28 Je fixe des objectifs élevés mais raisonnables, qui ne font pas peur à mes collaborateurs.

1 2 3 4

29 Je révise mon projet régulièrement et je l'actualise en fonction des besoins.

1 2 3 4

30 J'adopte les modes de compte rendu standard de la société.

1 2 3 4

31 Je ne demande qu'aux personnes concernées d'assister aux réunions de bilan.

1 2 3 4

32 Je m'assure que ma propre stratégie est compatible avec celle de mes collègues.

1 2 3 4

RÉSULTATS

Quand vous avez rempli ce tableau d'autoévaluation, faites le total de vos points et lisez l'évaluation correspondant à ce total. Quelle que soit votre capacité à penser en stratège, n'oubliez jamais que vous pouvez toujours vous améliorer. Identifiez vos points faibles et référez-vous aux chapitres correspondants, vous y trouverez tous les conseils pratiques et les trucs qui vous permettront de développer et d'affiner vos compétences.

De **32 à 64** points. Vous réagissez après-coup et ne prenez pas assez de temps pour penser en termes de stratégie. Reprenez un ou deux points du processus de planification et vous améliorerez vos résultats.

De **65 à 95** points. Vous disposez d'un esprit stratégique raisonnable, mais vous pourriez améliorer quelques points faibles.

De **96 à 128** points. Vous êtes un bon stratège. Ne péchez toutefois pas par excès de confiance.

INDEX

TITRES DISPONIBLES

Créer son CV
Développer son potentiel
Diriger efficacement
Diriger une équipe
Gérer le changement
Gérer son temps
Organiser une réunion
Parler en public
Prendre des décisions
Savoir communiquer
Savoir déléguer
Savoir manager
Savoir motiver
Savoir négocier
Techniques d'entretien
Vaincre le stress
Vendre avec succès
Gérer un budget
Internet & l'entreprise
Développer un projet

Andy Bruce est le fondateur de SoftTools. net, une société de formation professionnelle de conseil sur Internet. Titulaire d'un MBA qui lui a apporté des connaissances essentiellement théoriques, il met au point depuis huit ans des outils pratiques permettant aux entreprises de gérer des projets ambitieux et de s'adapter aux changements de l'économie réelle.

Ken Langdon est consultant indépendant. Il a une grande expérience dans l'enseignement des techniques de gestion de projets.

Photographies

Code : h *haut* ; b *bas* ; c *centre* ; d *droite* ; g *gauche*

Colorific M. Hardwick 60 ; Powerstock 39 ;
Telegraph Colour Library Paul Campbell 17, Ryanstock 32 ;
Tony Stone Images Peter Correz, couverture, Ken Fisher 4, Stephen Peters 11 hg.